PRAXIS ideen

Schriftenreihe für Bewegung, Spiel und Sport

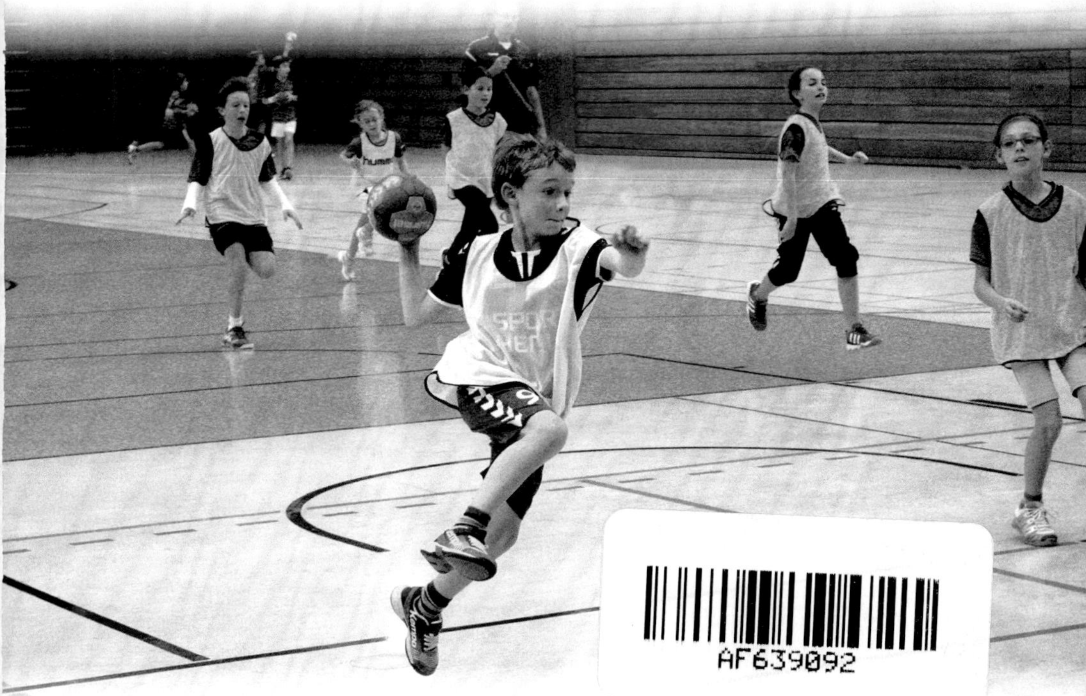

Empfohlen vom

BHV

Bayerischer Handball-Verband

Handball

für Kinder in Schule und Verein

Filip Mess, Ben Schulze & Herbert Haag

hofmann.

Bibliografische Information der Deutschen Nationalbibliothek

Die Deutsche Nationalbibliothek verzeichnet diese Publikation in der Deutschen Nationalbibliografie; detaillierte bibliografische Daten sind im Internet über http://dnb.d-nb.de abrufbar.

Bestellnummer 2701

Erschienen als Band 70
der PRAXISIDEEN – Schriftenreihe für Bewegung, Spiel und Sport.

Druck und Verarbeitung: Medienhaus Plump GmbH, Rheinbreitbach
Printed in Germany · ISBN 978-3-7780-2701-1

INHALT

Vorwort

„Quo vadis, Handball?“ heißen zwei Beiträge, die Thomas Krüger 2016 veröffentlichte und die als deutlicher Weckruf verstanden werden sollen. Denn trotz der sportlichen Erfolge bei internationalen Wettkämpfen in den letzten Jahren, verzeichnet der Deutsche Handballbund (DHB) seit Jahren einen Rückgang an Mannschaften und Mitgliedern. So ist beispielsweise die Gesamtzahl der Mannschaften des DHB von 27465 im Jahre 2005 auf nur noch 22192 in 2015 gesunken.
Es liegt daher nahe, zunächst einmal die Ursachen und Gründe für diesen Rücklauf der letzten Jahre zu analysieren. Gleichzeitig erscheint es in einem zweiten Schritt jedoch auch wichtig zu sein, Lösungen zu suchen und zu diskutieren.
Krüger bietet in seinen Beiträgen zwei zentrale Lösungsoptionen an: Einerseits gilt es die Schule (wieder) als Zulieferer für die Handballvereine zu gewinnen. Andererseits liegt großes Potenzial auch darin, geeignete Trainer zu rekrutieren und zu begleiten, um insbesondere eine verbesserte Betreuung von Kindern und Jugendlichen *(Kronjuwelen)* zu gewährleisten. Letzteres ist vor allem auch dadurch zu erreichen, indem man angehende bzw. junge Trainer gut ausbildet und aktiven Trainern geeignete Trainingsliteratur zur Verfügung stellt.
Genau an der Schnittstelle dieser beiden Lösungsoptionen bzw. Aspekte möchten die Autoren des vorliegenden Buches ansetzen und dabei gleichzeitig versuchen, zwei Besonderheiten aufzugreifen.
Zum einen wurde im Theorieteil ein besonderer Fokus auf die verschiedenen pädagogischen und vor allem methodisch-didaktischen Facetten der Vermittlung von Handball in Schule und Verein gelegt. Dabei sollen aber nicht nur die Differenzen und unterschiedlichen Schwerpunktsetzungen der verschiedenen Akteure (Sportwissenschaft, insbesondere Sportpädagogik und Sportdidaktik; DHB bzw. einzelne Landesverbände des DHB) aufgezeigt werden, sondern vor allem auch die Gemeinsamkeiten.
Zum anderen sind die Übungs- und Spielformen im Praxisteil auf Kinder der Primarstufe bzw. bis zu einem Alter von etwa 12 Jahren ausgerichtet und weitestgehend unabhängig vom Lehr-Lernkontext (Schule und Verein). Somit können alle Übungs- und Spielformen zum Handball, bzw. zu Spielen mit Hand und Ball, gleichermaßen von Lehrenden in Schule und Verein eingesetzt werden, mit der Intention, zukünftig eine stärkere Zusammenarbeit dieser beiden Lehr-Lernkontexte zu fördern.
Der vorliegende Band richtet sich daher an alle Lehrenden in Schule und Verein, die schon länger mit dem Gedanken spielen, Handball und/ oder Spiele mit Hand und Ball zu vermitteln. Das Buch soll aber auch

bereits im Handball Lehrenden bzw. Handballtrainern Anregungen geben, wie das Sportspiel Handball Kindern noch vielseitiger und anregender dargeboten werden kann.
Dank auszusprechen ist für die Autoren ein ganz besonderes Anliegen, da das vorliegende Buch ohne die Mithilfe der zahlreichen Personen so nicht hätte realisiert und publiziert werden können.
Dank geht zunächst an die handballbegeisterten Kinder des TSV Herrsching, die mit großer Geduld, Motivation und viel Spaß an den zahlreichen Fotoshootings teilgenommen haben.
Dank gilt auch der verantwortlichen Fotografin Alexandra Dreher sowie den beiden Fotografen Leander Hérault und Leon Kühn für die kreativen Ideen bei den Fotoaufnahmen mit den Handballerinnen und Handballern des TSV Herrsching.
Dank geht schließlich an den Hofmann-Verlag, insbesondere an Tobias Hecht und Jörg Tochtermann, für die Förderung der Buchserie „Praxisideen“ und die reibungslose Unterstützung bei der Drucklegung dieses Buches.

Filip Mess, Ben Schulze und Herbert Haag
München, Wangen (Allgäu) im März 2019

Im vorliegenden Buch wurde auf die Nennung beider Geschlechter (Lehrerinnen/Lehrer – Trainerinnen/Trainer) oder die Verbindung in einem Wort (LehrerInnen bzw. Lehrer/innen) zugunsten einer möglichst einfachen Leseart verzichtet. Allgemeine Personenbezeichnungen schließen daher immer beide Geschlechter ein.

Einführung – Zielstellung und Aufbau des Buches

Es gibt verschiedene Möglichkeiten den Theorieteil eines Handballbuchs inhaltlich aufzubauen und zu verschriftlichen, denn die Zugänge zu diesem Sportspiel sind vielfältig und mehrperspektivisch.
So wäre es durchaus denkbar, das Handballspiel überwiegend aus einer trainings- und bewegungswissenschaftlichen Perspektive zu durchleuchten und bspw. Aspekte der Bewegungs- und Trainingslehre aufzugreifen. Hierbei könnte dann auch ein besonderer Schwerpunkt auf technische und/oder taktische Elemente des Handballspiels gelegt werden.
Ein weiterer Zugang ist auch über medizinische und gesundheitswissenschaftliche Fragestellungen vorstellbar, in denen etwa Themen der Prävention, Therapie oder Rehabilitation aufgegriffen werden sowie Aspekte der Traumatologie, Orthopädie etc.
Ein dritter Zugang ist sicherlich aus Sicht der Sozialwissenschaften unter Einbezug von Sportsoziologie und Sportpsychologie möglich, um bspw. die gesellschaftliche Bedeutung oder die Entwicklung des Handballspiels darzustellen oder um bspw. Individual- und Gruppenprozesse psychologisch zu analysieren.
Denkbar sind auch weitere sportwissenschaftliche Zugänge zum Handballspiel, bspw. über Sportökonomie, Sportpolitik und/oder Sportmanagement.
Der inhaltliche Schwerpunkt in diesem Buch wurde bewusst auf sportpädagogische und insbesondere sportdidaktische Aspekte ausgerichtet, mit dem Ziel, die verschiedenen Vermittlungsansätze aus Sportwissenschaft (Sportpädagogik und Sportdidaktik) und Sportpraxis (DHB, Landesverbände im Handball) aufzuzeigen. Dadurch sollen die Leser zunächst einmal die Vielfalt und Mehrperspektivität an Vermittlungsansätzen im Handballspiel kennenlernen, um dann selbst passende Vermittlungsansätze auszuwählen und in Schule und/oder Verein erfolgreich für das Erlernen des Handballspiels mit Kindern einsetzen zu können. Hierfür sollen auch weitere didaktische Themen zusätzliche Hilfestellung beim Lehren geben, wie etwa der Umgang mit heterogenen Gruppen oder Hinweise zur Inklusion von Kindern mit besonderem Förderbedarf.

Das vorliegende Buch ist im theoretischen Teil daher wie folgt aufgebaut:

- Beschreibung der Entwicklung des Handballsports anhand ausgewählter Daten (Kapitel 1.1).
- Beschreibung und Zusammenstellung von Vermittlungsansätzen im Handballspiel aus Sicht der Sportpädagogik und Sportdidaktik (Kapitel 1.2).

- Darstellung der Vermittlungsansätze im Handballspiel aus Sicht des Deutschen Handballbundes bzw. einzelner Landesverbände (Kapitel 1.3) – mit einem Fokus auf der Entwicklung der Spielfähigkeit.

Der praktische Teil des Buches umfasst zahlreiche Übungs- und Spielformen, die bei der Vermittlung des Handballspiels bzw. Spielen mit Hand und Ball als Hilfe und Anregung dienen können.
Im ersten Teil geht es vor allem darum, sich an (Hand-)Bälle zu gewöhnen, sich mit ihnen zu erwärmen bzw. zu kräftigen und diese ersten Erfahrungen in Kleinen Spielen anzuwenden (Kapitel 2 bis 5).
Spezifische Übungsformen für das Erlernen von handballspezifischen Techniken (Passen, Fangen und Werfen) enthalten die Kapitel 6 und 7.
Der dritte Teil umfasst vor allem Spielformen (Kapitel 8) für die Entwicklung der Spielfähigkeit, die als Hinführung für das Zielspiel Handball (Kapitel 9) hilfreich sein sollen.

Kapitel

1

Theoretische Grundlagen

1.1 Entwicklung des Handballsports

1.2 Handball für Kinder – Didaktische Aspekte der Sportwissenschaft

1.3 Handball für Kinder – Didaktische Aspekte des Deutschen Handballbundes

1.1 Entwicklung des Handballsports

Sportarten wie der Handballsport entstehen in der Regel über einen längeren Zeitraum und entwickeln sich auch ständig weiter. Das Werfen und Fangen eines Balles ist eine Tätigkeit, die Menschen seit jeher ausübten. Geregelte Spiele mit Werfen und Fangen eines Balles sind bereits aus der Griechischen Antike (Urania – ein gymnastisches Fangspiel) sowie aus der Römischen Antike (Harpostum – ein rugbyähnliches Handballspiel) bekannt. Aber auch im Mittelalter haben diverse Wurf- und Fangspiele in Mitteleuropa stattgefunden. Vor allem in Irland und England gab es im 18. und 19. Jahrhundert rugbyähnliche Handballspiele. In Deutschland hat A. Klass in seinem „Katechismus der Turnkunst" bereits 1852 *Raffball* als handballähnliches Spiel mit 10 Spielern pro Mannschaft beschrieben.

Die Zeit ab 1900 kann man als eigentliche Entstehungszeit des Handballsports im Sinne eines geregelten Wettkampfspiels ansehen. Technik, Taktik, Regeln, Wettkampfsystem und Organisation sind zentrale Aspekte, die sich bis heute ständig weiterentwickelt haben und sich zukünftig sicherlich auch verändern werden.

1.1.1 Ausgewählte Daten zur Entwicklung des Handballsports

1898	H. Nielsen erfindet Haandbold in Dänemark
1905–1917	Handballähnliche Spiele in Prag (Hazena), Königsberg (später Kaliningrad), der Ukraine und Berlin (für Frauen)
1917	1. deutsche Regelfassung für Handball durch Heiser, König und Schelenz (Männer und Frauen)
1919	Schelenz propagiert Feldhandball nach von ihm geschaffenen Regeln
1928	Gründung der International Amateur Handball Federation (IAHF) in Amsterdam (11 Länder, für mehrere Ballspiele)
1936	Feldhandball als Olympische Disziplin in Berlin
1946	Gründung der International Handball Federation (IHF) in Kopenhagen (8 Länder, BRD ab 1950 und DDR ab 1956 Mitglied)
1949	Gründung des Deutschen Handball-Bundes (DHB)
1966	Letzte Feldhandball WM in Deutschland
1972	Hallenhandball als Olympische Disziplin in München

seit 1972	Schnelle weltweite Entwicklung des Hallenhandballsports mit Weltmeisterschaften, Turnieren bei Olympischen Sommerspielen, mit kontinentalen Wettkampfligen sowie Meisterschafts- und Pokalrunden in vielen Ländern
2007	Handballweltmeisterschaft der Männer in Deutschland
2017	Handball-Weltmeisterschaft der Frauen in Deutschland
2019	Handball-Weltmeisterschaft der Männer in Deutschland (gemeinsam mit Dänemark)

1.1.2 *Großfeldhandball*

Wenn man sich mit der Geschichte der Sportart Handball genauer befassen will, spielt Großfeldhandball eine zentrale Rolle. Das Handballspiel ist nämlich nach zahlreichen Vorformen im Sinne von Wurf- und Fangspielen in den Jahren *1917–1919* v. a. durch Schelenz als Handballspiel auf dem Feld (Fußballfeld) mit dem *Regelwerk für Feldhandball* entwickelt worden. 1936 war das Feldhandballspiel zum ersten Mal als Disziplin bei den Olympischen Sommerspielen in Berlin vertreten. Ein zentrales Datum für das *Ende des Feldhandballspiels* war dann das Jahr *1966* mit der letzten Feldhandballweltmeisterschaft in Deutschland. Von da an löste Hallenhandball als Regelform des Handballspiels das Spiel Feldhandball ab. Das *Ende des Großfeldhandballspiels* resultierte insbesondere aus den schlechten Wetterbedingungen in Skandinavien, die ein kontinuierliches Training sowie Wettkampfspiele kaum ermöglichten. Dennoch wird bis heute, u. a. bei Jugendturnieren, die Regelform 7 gegen 7 (Hallenhandball) auf mehreren *Rasenplätzen im Freiluftbereich* gespielt.

1.1.3 *Olympische Spiele und Handballsport*

Insgesamt gesehen ist Handballsport seit seiner erstmaligen Aufnahme 1936 (Feldhandball) in der Zwischenzeit eine feste Größe im Reigen der Olympischen Sportarten und gehört dort mit zu den attraktivsten Sportarten mit sehr großem Zuschauerinteresse.

- *Feldhandball* wurde 1936 Olympische Disziplin.
- 1936 wurde *Deutschland* im *Großfeldhandball Olympiasieger*.

- 1948 (London) stand das Handballspiel nicht auf dem Programm; 1952 war es mit einem Spiel Schweden gegen Dänemark (11 : 11) sogenannte Demonstrationssportart; 1956–1968 war der Handballsport erneut nicht olympisch.
- Hallenhandball wurde dann 1972 bei den Olympischen Sommerspielen in München als Olympische Sportart zugelassen; seitdem gehört Handball zum *Reigen* der Olympischen Sportarten.

1.2 Handball für Kinder – Didaktische Aspekte der Sportwissenschaft

Insbesondere die Sportpädagogik und Sportdidaktik scheinen sich, vermutlich auch aufgrund der sportlichen Erfolge der Handball-Nationalmannschaften, in den letzten Jahren wieder stärker dem Handballspiel zuzuwenden, was sich an der steigenden Anzahl an Publikationen ablesen lässt. Hierbei stellt sich aus sportpädagogischer und sportdidaktischer Perspektive zunächst einmal die Frage, welche Potenziale in Erziehung und Bildung das Handballspielen für Heranwachsende hat.

Einen kurzen Umriss dieser Potenziale beschreibt bspw. Sinning (2006), die insgesamt auf vier Zugänge bzw. Perspektiven eingeht: (1) historisch-soziologische Perspektive; (2) entwicklungspsychologische Perspektive; (3) Handlungsperspektive und (4) Bewegungsperspektive.

Einen anderen Ansatz für das Aufzeigen der pädagogischen Potenziale des Handballspiels wählt Kuhlmann (2013), indem er in Anlehnung an den *Mehrperspektivischen Sportunterricht* von Kurz (vgl. u. a. Balz & Neumann, 2013) eine mehrperspektivische Unterrichtsgestaltung mit dem Handballspiel aufzeigt und verbindet. Dabei schränkt der Autor jedoch selbst ein, dass es sich um einen ersten vorläufigen Orientierungsrahmen handelt, das Handballspiel mehrperspektivisch zu betrachten (Kuhlmann, 2013, S. 5).

Deutlich wird in dem Beitrag von Kuhlmann (2013) aber auch, dass es seitens der Sportpädagogik und Sportdidaktik eine Fülle von Vermittlungsansätzen gibt, die zumeist darauf abzielen die *Spielidee mit Werfen* umzusetzen und *Spielfähigkeit* bei den Lernenden zu entwickeln. Neben Publikationen zu verschiedenen Vermittlungsansätzen, gibt es auch zahlreiche weitere Beiträge der Sportpädagogik und Sportdidaktik, die für die Vermittlung des Handballspiels unterstützend sind und sich in nachfolgende Themen zusammenfassen lassen:

- Umgang mit heterogenen Gruppen und Differenzierung beim Handballspiel.
- Lern- und Bildungspotenziale durch das Handballspiel.
- Weiterentwicklungen und Trends des Handballspiels.
- Handball mit und für besondere Zielgruppen.

1.2.1 Spielfähigkeit als Leitidee bei der Vermittlung des Handballspiels

Für die Einführung von Sportspielen lassen sich nach Roth und Hahn (2007) zwei grundsätzliche Vermittlungsphilosophien unterscheiden:

- Vom Spezifischen zum Allgemeinen, unter Berücksichtigung sportartbezogener spielgemäßer Lernmodelle.

- Vom Allgemeinen zum Spezifischen, bei denen Verwandtschaftsmerkmale der Spiele herausgegriffen und übergreifend geschult werden *(Integrative Spielvermittlung).*

Da dieses Buch auf die Vermittlung des Handballspiels ausgerichtet ist, werden rein *Integrative Spielvermittlungsansätze* nicht in den Fokus gerückt (vgl. hierzu Adolph & Hönl, 1993; Bucher, 1996; Roth et al., 2002; Roth et al., 2006). Vielmehr soll in Anlehnung an König und Husz (2012) ein Ansatz verfolgt werden, der Aspekte des sportspielübergreifenden und sportspielgerichteten Lernens aufgreift (Uhlig, 2008). Aus diesem Grund werden gerade im Praxisteil auch mehrere Übungs- und Spielformen aufgeführt, die sportartübergreifende Eigenschaften, Fertigkeiten und Fähigkeiten schulen.

Trotz kontroverser Diskussionen zur Vermittlung von Sportspielen, ist es hinsichtlich der Entwicklung einer Spielfähigkeit in den letzten Jahren gelungen, eine Kombination der unterschiedlichen Positionen aufzubauen. Dennoch sollte bezugnehmend auf die Zieldimensionen der Spielfähigkeit, die im Unterricht angesteuert werden können, zwischen einer trainingswissenschaftlichen und einer pädagogischen Perspektive unterschieden werden (König & Husz, 2012).

In Anlehnung an Lames (1998) beinhaltet die trainingswissenschaftliche Betrachtungsweise alle überdauernden „Eigenschaften, Fertigkeiten und Fähigkeiten, die ein Sportler zu optimalen Ausübung seiner Spielsportart benötigt“ (König & Husz, 2012, S. 15 nach Lames, 1998, S. 138).

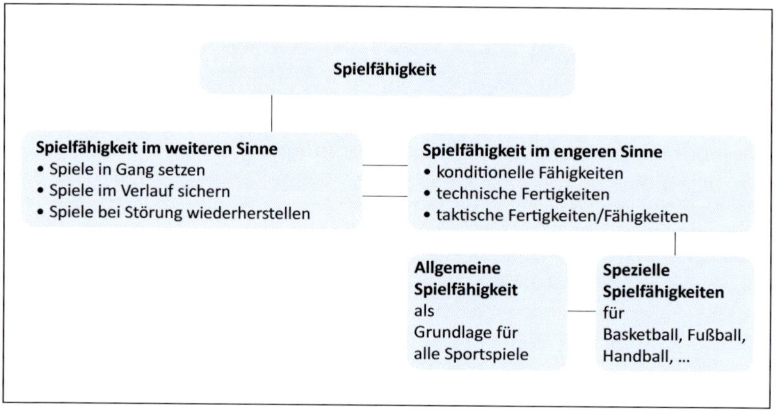

Abb. 1: Struktur der Spielfähigkeit nach König (1997) (Quelle: Griesmeier, 2002, S. 3)

Die sportpädagogische Perspektive hingegen versucht motorische und soziale Kompetenzen (Spiele in Gang setzen und im Verlauf sichern etc.) zu integrieren. An dieser sportpädagogischen Perspektive setzen die nachfolgenden Ausführungen an.

Das im Bereich der Sportspielvermittlung aus pädagogischer Perspektive eingeführte und längst etablierte Konstrukt der Spielfähigkeit hat zum Ziel, dass die Lerngruppe sowohl eine Spielfähigkeit im weiteren Sinne als auch eine Spielfähigkeit im engeren Sinne entwickelt (vgl. Abb. 1; Dietrich, 1984; Griesmeier, 2002).

Die Spielfähigkeit im weiteren Sinne wird auch als Mitspielfähigkeit (Kohl, 1990) bezeichnet und umfasst das Entwickeln, das in Gang setzen und das in Gang halten des Spiels (Spielverlauf sichern und Spiele bei Störungen wiederherstellen; Kolb, 2011).

Unter der Spielfähigkeit im engeren Sinne werden in Anlehnung an Dietrich (1984) und König (1997) hingegen konditionelle Fähigkeiten, technische Fertigkeiten und taktische Fertigkeiten/Fähigkeiten verstanden. Die Spielfähigkeit im engeren Sinne lässt sich wiederum in eine allgemeine (u. a. Antizipationsfähigkeit, peripheres Sehen, Orientierungsfähigkeit, Spielregeln erproben, Rollen annehmen, für schwache Teams einen Ausgleich herstellen, Fairplay einsetzen) und eine spezielle Spielfähigkeit (konkrete Anforderungen einer Sportart) unterteilen (vgl. Abb. 1; Griesmeier, 2002). Auf Handball übertragen und konkretisiert enthält die spezielle Spielfähigkeit, dass Kinder sich anbieten, Überzahl herausspielen können, Lücken nutzen bzw. verhindern und einen Abschluss (Tor bzw. Zuspiel zum Torwurf) erzielen bzw. verhindern (Wilhelm, 2017).

Aus dieser Struktur der Spielfähigkeit lassen sich für die Vermittlung verschiedene Konsequenzen und Schwerpunkte ableiten. Zum einen können verschiedene Vermittlungsansätze, wie etwa *Genetisches Lernen, methodische Spielreihen, Tactical Games Teaching* oder *Integrative Sportspielvermittlung* betrachtet werden (vgl. im Überblick Kolb, 2011). Zum anderen können bei der Vermittlung aber auch eher grundlegende Fähigkeiten des Handballspiels geschult werden: Wahrnehmen (komplexe Spielsituationen schnell erfassen), Entscheiden (entsprechende technische Fertigkeit auswählen) und Handeln (Fertigkeiten situativ richtig und variabel einsetzen) (Griesmeier, 2002). Unabhängig von der individuellen Schwerpunktsetzung bzw. dem Fokus bei der Entwicklung der Spielfähigkeit, kann eine Rahmenkonzeption für die Entwicklung der Spielfähigkeit im Handball drei Teilaspekte umfassen (im Detail vgl. Griesmeier, 2002):

- Miteinander und gegeneinander spielen.
- Erlernen spielspezifischer Grundverhaltensweisen in Abwehr, Gegenstoß und Angriff.
- Zentrierung im Wettspiel: Anwenden unter verschiedenen Sinndimensionen.

In diesem Zusammenhang bietet es sich auch an, die von Roth, Kröger und Memmert (2002) beschriebenen methodischen Strategien für die

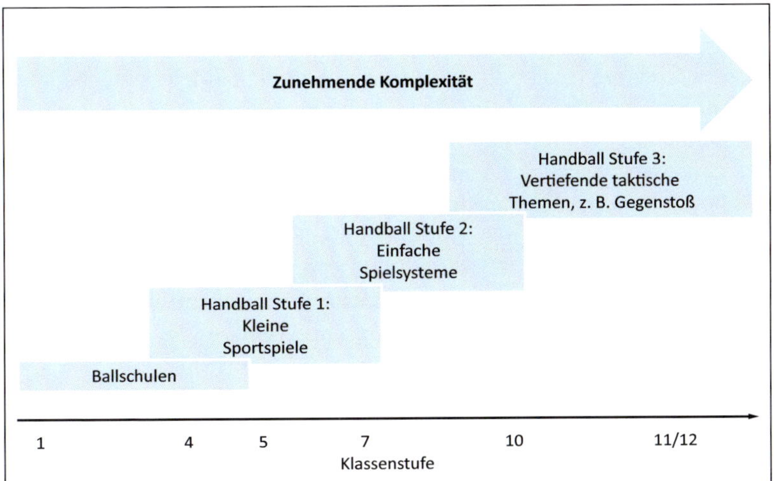

Abb. 2: Konzept „Schulhandball“ (Quelle: König & Husz, 2011, S. 18)

Vermittlung der Spielfähigkeit aufzugreifen (unter Berücksichtigung einer vertikalen Progression; vgl. König & Husz, 2012). Demnach sollte sportspielübergreifendes vor sportspielspezifischem Lernen stattfinden (Prinzip 1); Spielen vor Spielen und Üben beherzigt werden (Prinzip 2); implizites vor explizitem Lernen umgesetzt werden (Prinzip 3).

Aus all diesen pädagogisch-didaktischen Überlegungen lässt sich schließlich eine erste Struktur für die Vermittlung des Handballspiels (in der Schule) aufstellen, die von König und Husz (2011, S. 18) vorgeschlagen wird (Abb. 2).

1.2.2 Vermittlungsansätze für die Entwicklung der Spielfähigkeit im Handballspiel

Die Publikationen zu Vermittlungsansätzen für die Entwicklung der Spielfähigkeit in den (Großen) Spielen sowie dem Handballspiel reichen weit zurück. Entsprechend umfassend ist auch die sportpädagogische und sportdidaktische Literatur.

Einen deutlichen Schwerpunkt im Bereich der Vermittlungsansätze bilden die Publikationen zum *Genetischen Lernen* sowie zu methodischen Spielreihen bzw. methodischen Übungsreihen im Handballspiel (vgl. u. a. Griesmeier, 2002; König & Memmert, 2011; Kolb, 2011). Einzelne Publikationen thematisieren auch weitere Vermittlungsansätze, didaktische Prinzipien und Strategien, wie etwa das *Entdeckende Lernen* und *Expertenlernen* (Kaundinya & Breuer, 2008), das Prinzip *Teaching Games for Understanding* (Müller, 2015) oder das *Tactical Games Teaching* (Kolb, 2011). Insbesondere die beiden letztgenannten Vermittlungsansätze setzen jedoch ein zunehmendes Können der Kinder voraus und greifen eher auf explizite Unterrichtsstrategien zurück, bei denen das taktische Verständnis geschult wird (König & Husz, 2011). Sie scheinen primär für die Sekundarstufe I und II geeignet zu sein und sollen in diesem Buch daher nicht weiter vertieft werden. Schließlich liegen auch einzelne Beiträge zu schülerzentriertem Unterrichten (Schmoll, 2006) oder zu offenen/geschlossenen Vorgehensweisen bei Regelmodifikationen vor (Schmidt, 2006).

Aufgrund der starken Akzentuierung der Vermittlungsansätze auf das *Genetische Lernen* (vgl. Kap. 1.2.3) sowie auf methodische Spielreihen (vgl. Kap. 1.2.4), und da in beiden Ansätzen die Entwicklung der Spielfähigkeit als Leitgedanke vorherrscht, werden diese zunächst etwas ausführlicher vorgestellt. Im Anschluss daran folgt eine kurze

Skizzierung von weiteren didaktischen Ansätzen, Strategien und Prinzipien zur Vermittlung des Handballspiels (vgl. Kap. 1.2.5).

1.2.3 Genetisches Lernen

In Anlehnung an das von Dietrich (1984) für die Entwicklung der Spielfähigkeit veröffentlichte und von Loibl (2006) für das Basketballspiel übertragene *Genetische Lernen*, liegen in der Zwischenzeit auch im Bereich Handball mehrere Publikationen vor (u. a. Bietz, 2001; Greve, 2014; Kolb, 2011; Mehl, 2006; Wichmann, 2008). Die drei wichtigsten Prinzipien des *Genetischen Lernens* – genetisch, sokratisch und exemplarisch – sind von Wagenschein (1991) formuliert und von Loibl (2006) im Basketball sehr umfassend angewandt worden.

Genetisch meint in diesem Kontext, dass die Lernenden aufgrund eines Phänomens oder Problems angeregt bzw. provoziert werden, das Problem zu ihrer Sache machen und versuchen, selbstständig Lösungen zu entwickeln.

Das sokratische Prinzip besagt, dass Lehrende nur indirekt und über Fragen die Lernenden beim Lösungsweg helfen.

Unter dem exemplarischen Prinzip versteht Wagenschein (1991), dass Lernende durch das genetisch-sokratische Vorgehen zentrale und grundlegende Erkenntnisse gewinnen, die als Vorbereitung für andere Unterrichtsformen dienen können (Kolb, 2011; Wichmann, 2008).

Kennzeichnend für das *Genetische Lernen* ist daher, dass das Spiel nicht in einzelne Techniken und Handlungsweisen zergliedert wird.

Der grundlegende Ansatz des *Genetischen Lernens* besagt, dass die Sportspielvermittlung primär vereinfachte, spielbar gemachte Sportspiele umfassen sollte und nicht kleine Ballspiele oder Basisspiele (Eisele et al., 2009, S. 22). Die Idee ist daher, das Spiel mit seiner Spielidee als Ganzes zu erhalten, so dass Schüler möglichst eigenständig die Komplexität des Spiels durch technische und taktische Modifikation (re-)konstruieren (Bietz, 2001). Dabei wechseln sich Realisierungs- und Reflexionsphasen ständig ab, so dass konkrete Spielprobleme aufgedeckt, in der Gruppe Lösungen erarbeitet und diese schließlich im Spiel erprobt werden. Es gibt demnach keine vorgegebene Lösung und die Lernenden müssen nicht eine vorgegebene Lösung reproduzieren (Wichmann, 2008). Der Lehrer nimmt dabei eine beratende Funktion

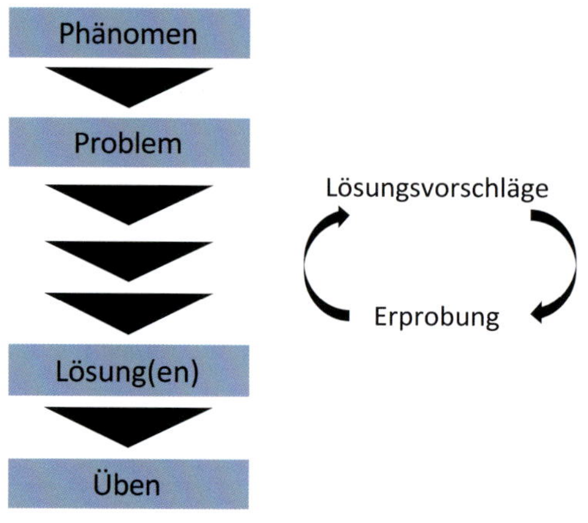

Abb. 3: Ablauf des Genetischen Lernens (mod. nach Bietz, 2001; Loibl, 2006)

ein, macht auf Probleme aufmerksam, wirft Fragen auf und moderiert den Lernprozess (Bietz, 2001).

Empfohlene Schritte und ein möglicher Ablauf (vgl. Abb. 3) bei der Umsetzung des *Genetischen Lernens* sind (Bietz, 2001; Kolb, 2011; Sinning, 2010):

- Initiierung des Handballspiels (Problem, Phänomen etc.).
- Problembezogene Anpassung des Handballspiels an die Bedürfnisse (Fähigkeiten und Fertigkeiten) der Lerngruppe.
- Intensivierung, Weiterentwicklung und Variation des Handballspiels.

Die Vorteile des *Genetischen Lernen* liegen unter anderem darin, dass die Problemlösungsfähigkeit der Schüler sowie deren Selbsttätigkeit gefördert wird. Durch das gemeinsame Suchen nach Lösungen werden zudem soziale Prozesse initiiert, so dass soziales Lernen stattfinden kann. Darüber hinaus sind durch die Offenheit der Vermittlung vielseitige Erfahrungen sowie individuelle Lösungen möglich und schließlich werden Spielregeln seitens der Schüler als veränderbar wahrgenommen und begriffen (Wichmann, 2008).

Empfehlenswerte Unterrichtsbeispiele zum *Genetischen Lernen* beschreiben unter anderem Greve (2014), Wichmann (2008) sowie Mehl und Jäger (2006), wobei die beiden letztgenannten in der Sekundarstufe I und II durchgeführt wurden.

Gerade die Publikation von Greve (2014) ist zu beachten, da der Autor das *Genetische Lernen* nicht nur vorstellt, sondern diesen Vermittlungsansatz mit weiteren didaktischen Aspekten, wie etwa dem Spielen auf kleinem Raum und mit begrenzter Spieleranzahl sowie die gemeinsame Reflexion von heterogenen Emotionen der Beteiligten, in den Fokus des Beitrags stellt. Zudem wurde das Konzept in mehreren Grundschulen eingeführt und wissenschaftlich begleitet (vgl. auch Greve, 2013).

Während Wichmann (2008) ein Handballspiel mit einer 8. Klasse über maximal 2 Doppelstunden genetisch entwickeln lässt, fokussieren Mehl und Jäger (2006) bei der genetischen Vermittlung gruppentaktische Angriffsmaßnahmen beim 3 gegen 2 (11. Klasse; ab 3 Doppelstunden).

Auch die beiden von Obinger (2014, 2016) veröffentlichten Themenhefte mit zahlreichen Spiel- und Übungsformen greifen, obwohl nicht explizit vom Autor benannt, grundlegende Prinzipien und Kerngedanken des *Genetischen Lernens* auf. So bezeichnet Obinger (2014, 2016) seinen Vermittlungsansatz als ganzheitlich und spielgemäß. In dem für das Unterrichten an Grundschulen ausgerichteten Themenheft (Obinger, 2014), sind die Spielformen allerdings stark auf die Vermittlung von sogenannten Basisfertigkeiten – Prellen, Passen und Fangen, Werfen – ausgerichtet. Das jüngere Themenheft (Obinger, 2016) richtet sich an Lehrende in den Jahrgangsstufen 5 bis 10 (Sekundarstufe I).

1.2.4 Methodische Spielreihen

Analog zum *Genetischen Lernen*, gibt es eine Fülle an Literatur zum Vermittlungsansatz mit methodischen Spielreihen (u. a. Eisele et al., 2009; Emrich, 2007; Emrich, 1997; Griesmeier, 2002; Kolb, 2011; Walter, 2005), die häufig auf die früheren Publikationen von Dürrwächter (1967) bzw. Schaller (1974) zurückgreifen. Zentraler Bestandteil von Spielreihen ist das Lösen und Erreichen von Spielaufgaben, bei denen die Anforderungen des Zielspiels reduziert wurden. Hierfür werden u. a. Regeln vereinfacht und/oder die technischen und taktischen Fertigkeiten reduziert (Griesmeier, 2002). Analog zur Grundidee des *Genetischen Lernens* ist es wichtig, dass die Spielidee erhalten bleibt und das Spielen bzw. das Spielerleben im Mittelpunkt des Lehr-Lernprozesses steht (Kolb, 2011). Insofern bezweckt die Spielreihe, dass Kinder Grundverhaltensweisen des Handballspiels im Spiel selbst erlernen, nach dem Motto *Spielen lernen durch das Spiel*. Dies ist darin begründet, dass Spiele eine Vielzahl an Fähigkeiten und Fertigkeiten erfordern (Technik, Taktik, Kondition, Koordination, Motivation etc.), die vor allem im Spiel erlernt werden können (Emrich, 1997). Daher sollte das Üben von handballspezifischen Fertigkeiten der Spielreihe untergeordnet werden (Kolb, 2011), bzw. nur dann eingesetzt werden, wenn das Erlernen bestimmter Einzeltechniken für die Spielreihe erforderlich ist (Emrich, 2007). Die wesentlichen zu erlernenden Grundverhaltensweisen des Handballspiels sind grob skizziert: (a) Transport eines Balles in ein bestimmtes Ziel; (b) Zusammenspiel fördern; (c) Orientierung in einem vorgegebenen Raum; (d) Gegnerbehinderung und (e) Einhaltung von Spielregeln (Griesmeier, 2002).

Bei der Vermittlung wird meist auf (erweiterte) Spielreihenmodelle zurückgegriffen, die im Wesentlichen aus einer Spielreihe *(Hauptstraße)* und mehreren Übungsreihen *(Nebenstraßen)* bestehen (vgl. Abb. 4). Dabei sind den jeweiligen Einführungsspielen der *Hauptstraße* die dafür spezifischen bzw. erforderlichen technischen und taktischen Elemente zugeordnet. Ziel sollte es sein, dass die Einführungsspiele der *Hauptstraße* sukzessive komplexer und schwieriger werden sowie in den methodischen Übungsreihen *(Nebenstraßen)* erforderliche Teilziele definiert, erlernt und geübt werden. Beim Spielen selbst können inhaltliche Schwerpunkte gelegt werden, bspw. durch die Veränderbarkeit von Spielfeld, Spieleranzahl, Spielbällen oder Spielregeln (Emrich, 2007). Ein Vorteil dieser Umsetzung liegt darin, dass in Abhängigkeit vom Entwicklungsstand und Lernfortschritt der Kinder, die Spielreihe durch den Rückgriff auf vorangegangene Spielformen oder durch den Vorgriff auf nachfolgende Spielformen jederzeit unterbrochen werden kann (Emrich, 1997).

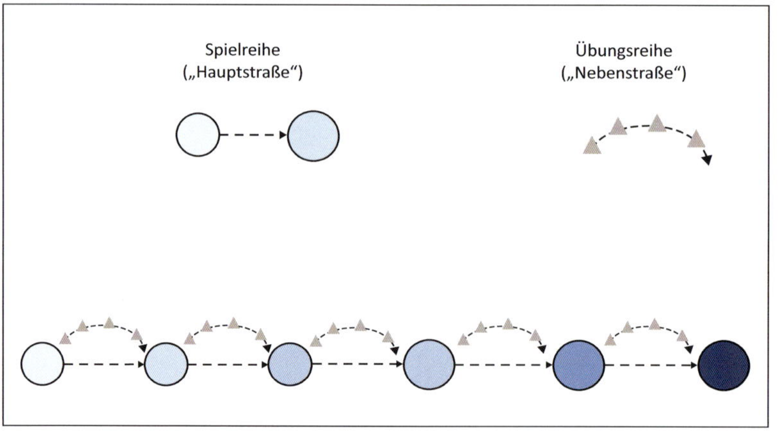

Abb. 4: Spielreihenmodell (Emrich, 2007, S. 3)

In der praktischen Umsetzung werden häufig Basisspiele sowie Grund- und Sektorenspiele eingesetzt und eher selten das Spielen in Standardsituationen (1 gegen 0; 1 gegen 1 etc.) (Griesmeier, 2002).

Beispiele für Basisspiele sind u. a. Stangentorball (vgl. im Buch S. 88), Rebound-Ball (vgl. im Buch S. 86), Passen nach Nummern (vgl. im Buch S. 105) oder Aufsetzerball (vgl. im Buch S. 147). Diese enthalten die Spielidee von Handball in vereinfachter Form und zeichnen sich auch dadurch aus, dass in der Spielform neben Angriffs- und Abwehrelementen auch Gegenstoßelemente enthalten sind, wenngleich in reduzierter Form. Im Mittelpunkt steht vor allem das Miteinander und Gegeneinander Spielen.

Grund- und Sektorenspiele bilden hingegen die Hauptstraße einer handballspezifischen Spielfähigkeit, deren Ziel es ist, die Torwurfgelegenheiten herauszuspielen. Insofern werden Torwurfspiele angeboten, um die spielspezifischen Grundverhaltensweisen in Abwehr, Angriff und Gegenstoß zu erlernen. Beispiele für Grundspiele sind das 2 gegen 2 oder 4 gegen 4, die meist in einem bestimmten Sektor des Angriffsraumes gespielt werden (in Gleichzahl und Überzahl).

Eine Modifikation des Spielreihenmodells beschreibt Oppermann (1994) mit dem auf den Sportunterricht ausgerichteten Spielstufenkonzept, welches Spielreihen sowie Situationsreihen in den Mittelpunkt rückt und fünf Stufen vorsieht:

(0) Spielen mit Hand und Ball, (1) Vom Spielen zum Grundspiel, (2) Vom Grundspiel zum Wettspiel, (3) Vom Wettspiel zum Sportspiel, (4) Das Sportspiel Handball. Auf jeder dieser Stufen werden unterschiedliche technische und taktische Schwerpunkte gesetzt, mit dem Ziel über sechs verschiedene Spielebenen die Spielfähigkeit zu verbessern.

1.2.5 Weitere didaktische Ansätze, Strategien und Prinzipien zur Vermittlung des Handballspiels

In der handballspezifischen Literatur existieren vereinzelt auch weitere didaktische Vermittlungsansätze. Es überwiegen jedoch vor allem Prinzipien und methodische Hinweise. Diese weiteren Veröffentlichungen sind bei der Vermittlung des Handballspiels hilfreich und sollten daher berücksichtigt werden, sie können im Folgenden aber nur noch skizzenhaft dargestellt werden.

Im Bereich der *Vermittlungsansätze* bietet es sich an, folgende Bereiche zu berücksichtigen: Dies heißt, sich auch mit dem schülerorientierten Unterrichten unter Bezugnahme auf eine kritisch-kommunikative Spieldidaktik (Schmoll, 2006) oder mit dem Beitrag von Schmidt (2006), der eine Mischung aus offenem (schülerzentrierten) und geschlossenem (lehrerzentrierten) Vorgehen bei der Konstituierung des Handballspiels durch Veränderung von Strukturen und Regeln entwickelt, auseinanderzusetzen.

Frey (2006) wiederum beschreibt einen Stationsbetrieb (Lernstationen), dessen Ziel es ist, die allgemeine Spielfähigkeit zu verbessern sowie die Grundtechniken Passen, Werfen und Fangen. Die Umsetzung ist vor allem auf große Schülerzahlen der 3. und 4. Klassenstufe ausgerichtet.

Empfehlenswert ist auch das von Schröter (2001) für die Sportspielvermittlung im Handball entwickelte Situationsreihenkonzept für die Einführung des Sprungwurfs, welches Technik und Taktik miteinander verbindet. Im Wesentlichen orientiert sie sich dabei an Situationsreihen des DHB.

Eine *Mischform* zur Vermittlung des Handballspiels beschreibt Bucher (2007) mit dem GAG-Konzept (Ganzheitlich, Analytisch, Ganzheitlich). Dabei wird den Kindern das Spiel zunächst *unzerlegt* dargeboten (ganzheitlich), um es dann in einem zweiten analytischen Teil zu zerlegen, mit dem Ziel taktische Fähigkeiten oder technische Fertigkeiten zu schulen, zu analysieren und zu diskutieren (vgl. auch Messmer, 2013). Im dritten Schritt werden schließlich die erlernten Fähigkeiten und Fertigkeiten wieder zusammengefügt und in das Ausgangsspiel eingebaut. Tendenziell wird das GAG-Konzept bei der Vermittlung und Übung von technischen Fertigkeiten angewandt.

Im Bereich von *Prinzipien und methodischen Hinweisen* werden für die Vermittlung u. a. Vereinfachungen beschrieben, die das Erlernen des Zielspiels Handball unterstützen sollen.

Lüpke (2006) setzt als Vereinfachungsstrategie bspw. Tchouk-Ball ein, da es zahlreiche spieltechnische und spieltaktische Elemente des Handballspiels enthält (Werfen, Fangen, Sprungwurf, Tempogegenstoß).

Simon (2015) wiederum empfiehlt und zeigt in seinem Beitrag auf, wie man über die Einführung von Aufsetzerball zum Zielspiel Handball kommt und greift hierfür Übungen mit spielerischem Zugang auf. Er koppelt zudem Übungs- und Spielreihen, so dass eine hohe intrinsische

Motivation bei den Schülern entsteht. Stallmann (2012) gibt konkrete Hinweise für den Sportunterricht, um Handball auf engstem Raum spielen zu können. Dabei umfassen die von ihm erläuterten Prinzipien, dass der vorhandene Raum für Spielaktionen enger gestaltet werden muss und die Spieleranzahl bei Spielen und Spielformen zu reduzieren ist. Zu den aufgeführten Spielformen gehören u. a. Stangentorball (vgl. im Buch S. 88) und Spielsituationen auf Querfeldern (vgl. 2:2 im Buch S. 139).

1.2.6 Umgang mit heterogenen Gruppen und Differenzierung beim Handballspiel

Lehrende in Schule und Verein stehen nicht selten vor der Herausforderung, Lernprozesse im Handballsport mit Kindern zu initiieren, die sich in verschiedenen Merkmalen oder Leistungsaspekten deutlich unterscheiden. Insofern existieren viele Publikationen (Unterrichtsbeispiele) auch zum Umgang mit heterogenen Gruppen beim Erlernen des Handballspiels bzw. zu Aspekten der Differenzierung (u. a. Bolländer, 2011; Greve, 2013; Keyßner, 2006; Mehl, 2008; Sinning, 2004).

Zahlreiche Möglichkeiten und Grenzen der Handballspielvermittlung mit heterogenen Lerngruppen beschreibt Greve (2013) für das Grundschulalter (1. bis 4. Klasse). In den drei skizzierten Doppelstunden werden unter Rückgriff auf das *Genetische Lernen* Möglichkeiten aufgezeigt, wie man Kinder mit sonderpädagogischem Förderbedarf einbindet und einer Grundschulklasse die Spielidee im Handball vermittelt bzw. gemeinsam mit den Kindern die Spielfähigkeit erarbeitet. Greve (2013) greift dabei zentrale didaktische Prinzipien und Aspekte auf, wie etwa die Binnendifferenzierung nach Leistungsstärke und Alter, regelmäßige Reflexionsphasen, Mitbestimmung der Schüler (bspw. bei der Festlegung von Regeln, bei der Mannschaftseinteilung etc.) bzw. schülerzentriertes Unterrichten.

Weitere didaktische Prinzipien, die Lehrende bei Lernprozessen mit heterogenen Gruppen einsetzen können, sind vor allem in der Sekundarstufe I und II (7. bis 11. Klasse) ausprobiert und beschrieben worden (u. a. Bolländer & Woznik, 2011; Keyßner, 2006; Mehl, 2008; Sinning, 2004). Die Unterrichtsbeispiele umfassen dabei Spiele und Spielformen (z. B. Zonenball; vgl. im Buch S. 84; Parteiball mit neutralem Anspieler), deren Einsatz unter anderem darauf abzielt, zunächst Heterogenität in der Lerngruppe zu erkennen und zu diagnostizieren. Darauf aufbauend können dann – bspw. durch die Nutzung von Stationenarbeit – aufgetretene Unterschiede für die Spielvermittlung im Handball genutzt und individuelles Üben gefördert werden (Keyßner, 2006; Mehl, 2008; Sinning, 2004).

Eine entscheidende Rolle kann hierbei den *Handball-Experten* zukommen, also Kindern, die bereits Handballerfahrung haben und diese Erfahrung gerne an andere Kinder weitergeben, in dem sie als Experten die einzelnen Stationen betreuen oder an diesen Stationen Bewegungsabläufe demonstrieren (Mehl, 2008). Einen ähnlichen Ansatz wählen auch Bolländer und Woznik (2011), in dem sie Schülerexperten für die Vermittlung von theoriegeleitetem Bewegungslernen beim Sprungwurf und elementarer Spieltaktik einsetzen (Jahrgangsstufe 10 bzw. 11).

Offene und die Kreativität fördernde Aspekte bei der Vermittlung des Handballspiels greifen u. a. Frey (1991), Pargätzi und Leffler (2016) sowie Schüller (2014) auf. Dabei sind durchaus Bezüge zum Erfahrungsorientierten Lernen erkennbar. Die von Frey (1991) beschriebenen Handball-Kunststücke haben die Intention, dass Schüler selbst Kunststücke mit dem Ball erfinden bzw. erproben und dabei die Techniken Werfen, Prellen und Fangen üben (vgl. auch S. 95 im Buch). Schüller (2014) entwickelt eine Unterrichtseinheit über drei Doppelstunden, innerhalb derer die Schüler (7./8. Jahrgangsstufe) über verschiedene Spielformen induktiv ein Verständnis für kluge Spielzüge (erfolgreiche Spielstrategien) entwickeln sollen. Auch hier sind durch wenige Vorgaben seitens der Lehrkraft (und wenige Regeln) sowie gezielte Reflexionszeiträume einige Bezüge zum *Erfahrungsorientierten Lernen* (und auch zum *Genetischen Lernen*) erkennbar, mit der Intention, dass die Schüler selbstständig neue Lösungsmöglichkeiten suchen und überlegen. Im weiteren Verlauf werden die Freiheiten zunehmend eingeschränkt (u. a. durch Fokussierung auf das Regelwerk), um sich so dem Handballspiel anzunähern.

1.2.7 Vermittlungsansätze für die Sekundarstufe I

Für ältere Schüler (7. bis 10. Klasse) lässt sich im Bereich des Taktiklernens der Vermittlungsansatz des *Entdeckenden Lernens* und des *Expertenlernens* einsetzen. Hierzu beschreiben bspw. Kaundinya und Breuer (2008) einen koedukativen Unterrichtsversuch über zwei Doppelstunden, dessen Ziel es ist, dass sich Schüler selbstständig Spielzüge für eine Überzahlsituation erarbeiten. Die Planung berücksichtigt dabei insbesondere auch den Umgang mit heterogenen Gruppen, die bspw. durch unterschiedliche motorische, kognitive und soziale Voraussetzungen gekennzeichnet sind. Beim Expertenlernen werden in einem ersten Schritt zunächst mehrere Stammgruppen gebildet, in denen die Schüler die Aufgabe erhalten, sich gemeinsam einen bestimmten Spielzug zu erarbeiten, auszuprobieren und zu festigen (Schüler werden damit zu Experten ihres Spielzugs). Im zweiten Schritt bildet der Lehrer nun neue Gruppen (Expertengruppen), indem aus jeder Stammgruppe jeweils ein Schüler (Experte) in diese neuen Expertengruppen kommt. Die Aufgabe besteht nun darin, als Experte den anderen Schülern den in der Stammgruppe erlernten Spielzug zu erklären. Der Vorteil dieser Lehr-Lernform besteht darin, dass sich alle Schüler unabhängig von ihrem Wissens- und Könnensstand einbringen können, es keine Möglichkeit für das sogenannte soziale Faulenzen gibt (social loafing) und jeder Schüler in den Expertengruppen dann auch in die Rolle des Lehrenden schlüpft. In der Literatur wird diese Lehr-Lernform auch als Gruppenpuzzle oder Jigsaw-Gruppe bezeichnet (vgl. hierzu auch Achtergarde, 2015; Dubs, 2009; Külmer, 2005).

Alternativ kann beim Erlernen und Festigen von Spielzügen auch der Vermittlungsansatz des *Entdeckenden Lernens* (Kaundinya & Breuer, 2008) verwendet werden, so dass Schüler selbstständig und kreativ eigene Spielzüge entwickeln können. Diese Lehr-Lernform hat neben der Schülerzentrierung, Offenheit des Sportunterrichts und Förderung der Kreativität, auch den Vorteil, dass durch das selbstständige Erarbeiten und Festigen das Selbstbewusstsein der Schüler gestärkt und gleichzeitig die Motivation bzw. Neugier für weitere Erfahrungen erhöht werden kann (Laging, 2007).

Wenn der Fokus auf dem bewussten Vermitteln eines taktischen Verständnisses liegt, scheinen explizite Strategien vorteilhaft zu sein, wie etwa das *Teaching Games for Understanding* (Griffin et al., 1997). Hierbei versuchen die Lehrenden durch gezieltes Fragen in bestimmten Spielsituationen, Kinder bzw. Jugendliche dazu anzuregen, die taktischen Handlungen zu reflektieren, um dadurch ein besseres Spielverständnis und damit auch eine bessere Spielfähigkeit zu erreichen (König & Husz, 2011). Die Umsetzung der Vermittlungsstrategie *Teaching Games for Understanding* beschreibt bspw. Müller (2015).

1.2.8 Lern- und Bildungspotenziale durch das Handballspiel

Mit Bezug zum didaktischen Konzept des *Erziehenden Sportunterrichts* und dem damit verbundenen Doppelauftrag (Erziehung zum und durch Sport mit dem Ziel der Bewegungsbildung und Allgemeinen

Bildung; Scheid & Prohl, 2012), stellt sich aus der Perspektive der Erziehung durch Sport die Frage, welche Lern-, Erziehungs- und Bildungspotenziale das Handballspiel bei Kindern und Jugendlichen entfalten kann. Daran anknüpfend stellt sich auch die Frage, wie dann ggf. Sportspiele von den Lehrenden inszeniert werden sollten, um wichtige Bildungsprozesse zu initiieren (Greve, 2014). Hierbei sei gleich angemerkt, dass die Publikationen unter dieser Fragestellung derzeit noch überschaubar sind, was aber u. a. auch auf die Schwierigkeit zurückzuführen ist, solche Potenziale empirisch darzustellen.

Dennoch lassen sich einige Beiträge identifizieren, die sich u. a. mit dem sozialen Lernen (Moegling, 1991; 1997) beim Handballspiel auseinandergesetzt haben oder mit kognitiven Zusammenhängen (exekutive Funktionen) in Sportspielen (Beck, Emrich & Kubesch, 2011).

Schließlich gibt es auch Beiträge, die das Handballspiel in der Schule mit der Intention einsetzen, um bspw. die körperliche Fitness zu verbessern (Hahnel, Rapp & Ritter, 2015) oder um neben motorischen Lernzielen auch kognitive zu erreichen (u. a. Förderung der Eigenverantwortung; praktische Lerneinheiten durchführen; vgl. Heinichen, 2014).

Aus didaktischer Sicht sind vor allem die Beiträge von Moegling (1991, 1997) hervorzuheben sowie das von Beck et al. (2011) beschriebene Training exekutiver Funktionen in *Kleinen* und *Großen Sportspielen*. In den beiden Publikationen von Moegling geht es in erster Linie darum, das Handballspiel so zu inszenieren, dass Kooperation gefördert wird und soziales Lernen stattfinden kann. Dabei betont Moegling (1991, 1997) explizit, motorisches und soziales Lernen als Einheit zu betrachten und Bewegungssituationen zu schaffen, die einen sozialen Eigenwert haben. Entscheidend ist, dass Schüler „so selbstständig wie möglich ihre Übungs- und Spielsituationen" gestalten (Moegling, 1997, S. 50), da in diesen Situationen fast zwangsläufig soziales Lernen stattfindet. Die sozialen Lernsituationen, die das Handballspiel bietet, können wie folgt zusammengefasst werden (Moegling, 1997, S. 50–51):

- Schüler werden spielfähig und lernen dabei u. a. kommunikative Strategien, um mitspielen zu können.
- Schüler lernen Regeln zu entwickeln, zu verändern und zu befolgen.
- Schüler lernen in Konflikten miteinander zu sprechen und Lösungen zu finden.
- Schüler erlernen eine solidarische Gestaltung der spielerischen Konkurrenzsituation im Handball.

Diese sozialen Lernsituationen können genutzt werden, um einerseits negative soziale Prozesse wie Ausgrenzung, Dominanz, Opportunismus und unfaires Verhalten gering zu halten. Andererseits bieten sie auch die Möglichkeit, positive soziale Einstellungen und Verhaltensweisen (Empathie, Sensibilität gegenüber Anderen, Kooperation etc.) zu fördern. In den Mittelpunkt seiner Überlegungen und sportdidaktischen Intentionen rückt Moegling (1991) einen *sozialen Spielraum*, in dem die Schüler ihre Identität finden sowie darstellen können und der aufgrund seiner Offenheit ein Experimentierfeld für die Identitätsbildung der Schüler ist. Darüber hinaus soll die Gruppenkreativität in den Vordergrund rücken und die in Sportspielen enthaltene Konkurrenz und soziale Gefährlichkeit wettkampforientierter Spielvermittlung verdrängen, so dass ein zwischenmenschlicher Schonraum entstehen kann (Moegling, 1991), in dem alle Schüler sich gleichermaßen einbringen können. Ein dritter didaktischer Leitgedanke umfasst den Wechsel von Anspannung und Entspannung, um eine Entkrampfung einer meist aufgeladenen Spielatmosphäre herbeizuführen. Trotz dieser sehr umfassenden didaktischen Überlegungen zum sozialen Lernen im Handballspiel, legt Moegling (1991; 1997) Wert auf eine hohe Bewegungsintensität. Diese lässt sich in der von ihm skizzierten Unterrichtsreihe über insgesamt acht Doppelstunden gut nachvollziehen (vgl. im Detail Moegling, 1991).

Wie *Kleine* und *Große Spiele* für das Training exekutiver Funktionen (Arbeitsgedächtnis kognitive Flexibilität, Inhibition) didaktisch-methodisch aufbereitet werden können, beschreiben Beck et al. (2011) exemplarisch für die Sekundarstufe. Obwohl nicht spezifisch auf Handball ausgerichtet, haben die zu Beginn des Beitrags aufgeführten Spielformen und die beiden Komplexspiele durchaus Affinität zu einigen im Praxisteil dieses Buches dargestellten Spiel- und Übungsformen. Eine Darstellung des Trainings exekutiver Funktionen im Handball beschreiben die Autoren dann im zweiten Teil und stellen dabei drei Übungsbeispiele vor (in Anlehnung an Emrich, 2011; 2016), die neben den exekutiven Funktionen auch die Selbstregulation der Schüler trainieren sollen (Beck et al., 2011). Mögliche didaktische Maßnahmen sind in diesem Zusammenhang unter anderem:

- Veränderung von bestimmten Bewegungsaufgaben nach einer spezifischen Auslösehandlung (z. B. Bewegungswechsel; Wechsel des Wurfarmes, der Passform);
- Einsatz von verschiedenen Bällen, die mit unterschiedlichen Bewegungsaufgaben belegt sind;
- Integration kognitiv-motorischer Mehrfachaufgaben (z. B. Ball passen und Namen rufen; Aufsetzer bei männlichen Namen).

Beck und Kollegen (2011) gehen davon aus, dass in den *Großen Sportspielen* die exekutiven Funktionen implizit trainiert werden, da bspw. die körperliche Leistungsfähigkeit gefördert wird, die wiederum dazu beiträgt, dass exekutive Funktionen verbessert werden. Zudem erfordern die *Großen Spiele* eine hohe Reaktionsschnelligkeit, Aufmerksamkeit und Umstellungsfähigkeit sowie eine ausgeprägte Verhaltens- und Emotionskontrolle. Nicht zuletzt fördert die Umsetzung des geplanten taktischen Vorgehens das Arbeitsgedächtnis. Trotz dieser impliziten Annahmen scheinen insgesamt jedoch die empirischen Nachweise innerhalb der *Großen Sportspiele* und damit auch im Bereich des Handballspiels zu fehlen.

1.2.9 Weiterentwicklungen und Trends des Handballspiels

Wie schon bei den Ausführungen zur Entwicklung des Handballsports deutlich wurde (vgl. hierzu Kapitel 1.1 – Entwicklung des Handballsports), hat sich die Sportart Handball vor allem im letzten Jahrhundert stark gewandelt und dabei immer wieder neue gesellschaftliche Veränderungen und auch Erwartungen aufgenommen. Diese Veränderungsbereitschaft und gelegentlich auch Veränderungsnotwendigkeit resultiert auch heute in einer Weiterentwicklung des Handballspiels. So sind in den letzten 10 Jahren einige Beiträge publiziert worden, die Handball in neuen Umgebungen bzw. auf einem anderen Untergrund (u. a. Sand, Wasser, Straße) umsetzen oder durch Regeländerungen versuchen, dieses Spiel vor allem für Heranwachsende noch attraktiver zu machen (u. a. Speed Handball; Sutter, 2015). Innerhalb dieser Weiterentwicklungen scheinen vor allem Publikationen über Beach-Handball (u. a. Bansa, 2014a, 2014b; Greve & Bechthold, 2015; Lange, 2008) zu dominieren, wohingegen zum Street-Handball (Mehl, 2014; Mehl & Hofmann, 2012) oder zu anderen Trends nur vereinzelt Veröffentlichungen vorliegen.

Ausgehend von Merkmalen der Trendsportarten (Stilisierung, Beschleunigung, Virtuosität, Extremisierung, Event, Sampling), versucht Lange (2008) in einem allgemeinen sportartübergreifenden Beitrag die Potenziale von Beach-Spielen für den Sportunterricht darzustellen und fokussiert dabei insbesondere die Bewegungserlebnisse und Bewegungserfahrungen, die in Beach-Spielen gemacht werden können. Gleichzeitig beschreibt Lange (2008) jedoch auch die Kennzeichen des Sich-Bewegens im Beachsport, um daraus u. a. methodisch-didaktische Hinweise für die Vermittlung im Schulsport abzuleiten. Im Fokus sind hierbei Ansätze und Lehr-Lernformen, die erfahrungsoffen sind, konstruktivistische Aspekte umfassen und „in denen das Lernen als aktiver und selbstbestimmter Suchprozess verstanden wird" (Lange, 2008, S. 9).

In Abgrenzung zu Lange (2008), setzen sich Bansa (2014a, 2014b) sowie Greve und Bechthold (2015) direkt mit Beach-Handball auseinander, allerdings mit unterschiedlicher Schwerpunktsetzung. Während Bansa in seinen Beiträgen vor allem die Trainingsmöglichkeiten des Sandplatzes bzw. des Beach-Handballs im Bereich Athletik (Bansa, 2014a) und Technik/Taktik (Bansa, 2014b) aufzeigt, beschreiben Greve und Bechthold (2015) neben einigen didaktischen Prinzipien vor allem Spiel- und Übungsformen, die im Sportunterricht beim Beach-Handball sofort umgesetzt werden können. Ihren Beitrag richten die Autoren dabei vor allem an Sportlehrer (aber auch an Vereinstrainer) und führen eine Auswahl zu folgenden Aspekten an: Spiele zum Einstieg, Pass- und Wurfübungen, wobei letztere auch das Penaltywerfen und das Zielspiel umfassen.

Insgesamt betrachtet sind die beiden Beiträge von Bansa (2014a, 2014b) eher für den Einsatz im Vereinstraining geeignet, da die beschriebenen Spiel- und Übungsformen durchaus spezifische Fertigkeiten des Handballspiels voraussetzen, die bei Schülern im Sportunterricht erst ab einer mittleren bis höheren Klassenstufe vorhanden sein dürften. Die skizzierten Inhalte von Greve und Bechthold (2015) hingegen lassen sich sehr gut im Sportunterricht anwenden, auch in unteren Klassenstufen bzw. bei Kindern mit einem eher niedrigen Fertigkeitsniveau im Bereich Passen, Werfen etc.

Da die wenigsten Schulen auf ihren Sportanlagen ein Beachfeld zur Verfügung haben werden, sind beachtenswerte und kreative Variationen des Handballspiels – vor allem für den Einsatz in Schule und Verein – das Street-Handball (Mehl & Hofmann, 2012; 2014), Speed Handball (Sutter, 2015) oder auch Teppichfliesen-Handball (Frommann, 2005). Gerade die von Mehl und Hofmann (2012; 2014) aufgezeigten Möglichkeiten Handball *auf der Straße* zu spielen, scheinen für den Sportunterricht besonders geeignet zu sein. Das liegt zum einen daran, dass Street-Handball (Goalcha) in den Bereich der Trendsportarten fällt und damit stark an der Lebenswelt und ggf. auch an den Interessen von Kindern und Jugendlichen ansetzt. Zum anderen greift Street-Handball eine aus pädagogischer Sicht wertvolle *Grundphilosophie* auf, die sich in vier Leitsätzen skizzieren lässt (Mehl & Hofmann, 2012, S. 225):

- Jeder ist willkommen – egal welches Alter oder Geschlecht. Auch Vorerfahrungen, motorische Fähigkeiten und Fertigkeiten sind unbedeutend.

- Der Spielort ist zweitrangig. Man kann drinnen und draußen, auf allen Oberflächen spielen, von Rasen bis zu rauen Asphaltflächen.
- Das Equipment ist auf ein Minimum reduziert. Notwendig ist nur der spezielle Ball.
- Die Organisation ist einfach. Street-Handball kann ohne spezifische Spieleranzahl und ohne Schiedsrichter gespielt werden.

Auch wenn im Street-Handball gewisse Regeln formuliert werden, sind diese doch als variabel zu sehen, die immer an den Bedürfnissen sowie den Fähigkeiten und Fertigkeiten der jeweils Spielenden ausgerichtet werden können (Mehl & Hofmann, 2014). In diesem Kontext ist bspw. der Abstand des Torkreises beliebig an die Wurffertigkeiten der Schüler anzupassen. Aber auch die Tore können sich an den schulischen Rahmenbedingungen orientieren; so können bspw. auch Mülltonnen als Tore verwendet werden. Mit Bezug zu didaktischen Konzepten und deren Zielen (u. a. *Erziehender Sportunterricht* mit dem Doppelauftrag des Sportunterrichts), umfasst Street-Handball einige pädagogische Potenziale (Mehl & Hofmann, 2012). Durch den speziellen Ball (weich, leicht einzudrücken und damit mit einer Hand zu kontrollieren, nicht zum Prellen geeignet) können auch Schüler mit kleineren Händen den Ball problemlos fangen, passen und werfen. Zudem können durch den weichen Ball auch Ängste der Schüler vor harten Bällen reduziert werden. Da der Ball nicht zum Prellen geeignet und die Spieleranzahl gering erscheint, ist einerseits ein Zusammenspiel innerhalb der Mannschaft notwendig. Andererseits entstehen so aber auch viele spieltypische Handlungen und eine hohe Bewegungsintensität. Aufgrund des fehlenden Schiedsrichters können bei den Kindern zudem Fairplay, Respekt und Kommunikationsfähigkeit besonders gefördert werden (Mehl & Hofmann, 2012).

Die didaktischen Potenziale, die durch den Einsatz eines weichen Balles entfaltet werden können, nutzt auch Sutter (2015) bei der Beschreibung von Speed Handball. Dabei empfiehlt die Autorin diese Variation als Einstieg in das Handballspiel (ab dem 5. Schuljahr). In fortgeschrittenen Klassen können die beschriebenen Formen auch als Aufwärmspiele dienen.

Mit einer ähnlichen Zielstellung – ängstlichen Schülern das Handballspiel zugänglich zu machen – zeigt Binder (1999) auf, wie Wurf- und Spielformen im Wasser als Vorbereitung für das Handballspiel in der Schule verwendet werden können. Die Vorteile dieser Umsetzung im Wasser sieht Binder (1999) insbesondere darin, dass Ängste des Hinfallens bzw. Stürzens reduziert werden und zudem Bewegungen, wie etwa Körpertäuschungen verlangsamt sind, so dass diese insgesamt leichter nachvollzogen werden können.

Eine Variation bzw. Modifikation des Handballspiels beschreibt auch Frommann (2005) in ihrem Unterrichtsversuch zum Teppichfliesen-Handball. Ihr Ziel ist es jedoch, dass durch die Verwendung von Alltagsmaterialien Schüler ein Spiel selbst entwickeln, dabei eine kritische Haltung gegenüber Spielregeln einnehmen und gleichzeitig ihre Spielkompetenz erweitern.

1.2.10 Handball mit und für besondere Zielgruppen (u. a. Inklusion)

Die Intention – neue Zielgruppen für das Handballspiel zu gewinnen – zeigt sich auch darin, dass in den letzten Jahren seitens der Sportpädagogik einige Projekte initiiert wurden, um bspw. Kindern und Jugendlichen mit Behinderung dieses Spiel zu ermöglichen (vgl. hierzu das Projekt vom DHB zu Inklusion im Handball). Bei diesen Projekten und den darin enthaltenen Vermittlungsansätzen geht es aber insbesondere auch darum, allen Menschen eine Teilhabe an unserer Bewegungskultur zu ermöglichen und gleichzeitig die Bildungspotenziale des gemeinsamen Spielens von Sportlern mit und ohne Behinderung zu nutzen.

Sowohl Wibowo (2016) als auch Arentzen (2016) greifen in ihren Beiträgen das Handballspielen mit Rollgeräten auf, jedoch auf unterschiedliche Weise.

Wibowo (2016) zielt vor allem darauf ab, die Verwendung von Rollstühlen (und Waveboards) in Anlehnung an einen genetisch-problemorientierten Ansatz (Loibl, 2006) für die gemeinsame Entwicklung eines neuen Sportspiels zu nutzen (Rollgerätehandball). Dabei geht es ihm in erster Linie darum, den Umgang mit einer sehr heterogenen Klasse und unterschiedlichen Voraussetzungen, Fähigkeiten und Fertigkeiten aufzuzeigen. Wenngleich im beschriebenen Unterrichtsversuch ein Kind aufgrund einer Krankheit an den Rollstuhl gebunden und ein Kind mit Down-Syndrom in der Klasse ist.

Arentzen (2016) hingegen thematisiert, auch vor dem Hintergrund einer sehr heterogenen Klasse hinsichtlich der individuellen motorischen Fähigkeiten, die Möglichkeit einer Sportspielvermittlung mit Rollstuhlfahrern. Das von ihm beschriebene *spielgemäße Konzept* (unter Berücksichtigung eines problemorientierten Ansatzes und dem Prinzip der spielgemäßen Vermittlung) versucht dabei die Unterschiede zwischen *Rollstuhlfahrern* und *Läufern* (Arentzen, 2016) konstruktiv für die Sportspielvermittlung nutzbar zu machen und dabei Probleme wie Chancenlosigkeit oder einseitige Regeln zum Chancenausgleich aufzugreifen. Aus didaktischer Sicht sind neben der umfassenden Beschreibung der fachdidaktischen Mittel für eine Sportspielvermittlung in gemeinsamen Gruppen und der beispielhaften (und praxiserprobten) Umsetzung mit Schülern der Sekundarstufe 1, vor allem auch die Bezüge zu sportdidaktischen Konzepten und den Erziehungs- bzw. Bildungsmöglichkeiten wichtig. Hier sieht Arentzen (2016) klare Bezüge zum *Erziehenden Sportunterricht* mit dem Doppelauftrag (alle Schüler nehmen am Sportunterricht teil und lernen gemeinsam). Er hebt dabei u. a. das Potenzial hervor, motorische Fähigkeiten aller Schüler gleichermaßen zu fördern und die Interaktionen zwischen den Akteuren zu fördern.

1.3 Handball für Kinder – Didaktische Aspekte des Deutschen Handballbundes

Der Vereinssport, organisiert im Dachverband Deutscher Olympischer Sportbund (DOSB), ist eine tragende Säule des Sports in Deutschland, der laut Satzung den Sport in Deutschland „als Ausdruck individueller Lebensgestaltung und als Quelle sozialer Beziehungen stärken und ihn hinsichtlich seiner kulturellen und gesellschaftlichen sowie politischen Bedeutung weiter entwickeln" soll (DOSB, 2018). Dabei gehört zu den Kernaufgaben des DOSB in Kooperation mit den Spitzenverbänden, Landessportbünden und Verbänden mit besonderer Aufgabenstellung, u. a. die Förderung des Kinder- und Jugendsports und insbesondere die Gewinnung von jungen Menschen für den Sport. Insofern ist es auch zentrale Aufgabe des Spitzenfachverbands DHB sowie der insgesamt 22 Landesverbände, vor allem Kinder und Jugendliche für den Handballsport zu gewinnen.

Dass diese Aufgabe nicht leicht zu erfüllen ist, verdeutlichen zwei Beiträge von Krüger (2016a; 2016b) mit den Titeln „Quo vadis, Handball?". In diesen Beiträgen beschreibt der Autor in Teil 1 (Krüger, 2016a) zunächst die Problematik, dass trotz internationaler Erfolge der Nationalmannschaften (u. a. Gewinn der Europameisterschaft 2016 der Herren) die Mitgliederzahlen im DHB bzw. den Landesverbänden rückläufig sind. Er geht dann dezidiert auf Ursachensuche (Krüger, 2016a). In Teil 2 gibt Krüger (2016b) schließlich Anregungen und präsentiert

Lösungen, wie dieser negative Trend zukünftig umgekehrt werden könnte. Entscheidend sind dabei vor allem zwei Aspekte: (1) Die (Wieder-)Gewinnung von Schulen als *Zulieferer* für die Vereine und (2) die Rekrutierung und Begleitung von geeigneten Trainern, damit diese die handballbegeisterten Kinder und Jugendlichen *(Kronjuwelen)* noch besser *pflegen*. Gute Trainer werden daher von Krüger (2016b) als Schlüssel und als entscheidender Faktor im Bestreben, Kinder und Jugendliche dauerhaft für den Handballsport zu gewinnen, betrachtet.

Vor diesem Hintergrund verantwortet und koordiniert der DHB mit seinen Landesverbänden selbst die Ausbildung von angehenden Trainern bzw. die Weiterqualifikation bereits aktiver Trainer, um diese für die verschiedenen Aufgaben im Umgang mit Kindern, Jugendlichen oder Erwachsenen in den unterschiedlichen Leistungsstufen bestmöglich zu qualifizieren. Ein *guter* (erfolgreicher) Trainer sollte über eine Vielzahl verschiedener Kompetenzen verfügen (fachliche, methodische, organisatorische und soziale Kompetenz; vgl. u. a. DHB, 2010), die an dieser Stelle jedoch nicht umfassend behandelt werden können. Dem inhaltlichen Schwerpunkt dieses Buches folgend, soll der Fokus vor allem auf die pädagogischen bzw. didaktisch-methodischen Kompetenzen gelegt werden. Ziel soll es dabei sein, aufzuzeigen, welches Verständnis und welche Aspekte dem DHB in diesem Kontext besonders wichtig erscheinen.

1.3.1 Grundlagen der Rahmentrainingskonzeption des DHB

Eine übergeordnete Richtlinie, gerade auch mit dem Fokus auf pädagogische und didaktisch-methodische Hinweise, enthält die Rahmentrainingskonzeption des Deutschen Handballbundes (DHB, 2017). Obwohl die Neuauflage derzeit erst online und teilweise auch nur im passwortgeschützten Bereich des DHB verfügbar ist, lassen sich dennoch einige klare Schwerpunkte herausarbeiten (vgl. alternativ 1. Auflage der Rahmentrainingskonzeption: Brand et al., 2009). Im Vordergrund, und damit als oberste Zielstellung aufgeführt, steht die ganzheitliche Entwicklung der Spielerpersönlichkeit. Dieses Ziel wird gestützt von verschiedenen Grundprinzipien, die über die gesamte Ausbildung, also von der Gewinnung handballbegeisterter Kinder bis hin zum leistungsorientierten Training, berücksichtigt werden sollen. Eingebettet ist die Entwicklung der Spielerpersönlichkeit in vier verschiedene Kontexte – Training, Wettspiel, Betreuung und gesellschaftliche Anforderungen – die von den Trainern und Verantwortlichen in den Vereinen und Verbänden immer wieder überprüft und ggf. angepasst werden sollten.

Für dieses übergeordnete Bezugssystem stellt der DHB (2017) mehrere Prinzipien für ein zeitgemäßes Nachwuchskonzept auf (vgl. hierzu auch Neuhaus, 2016), die durchaus Bezüge zu allgemeinen Ausführungen der Sportpädagogik und Sportdidaktik haben (u. a. Individualität, Heterogenität, Altersgemäßheit, Persönlichkeitsentwicklung etc.):

- Mit einer sportartenübergreifenden Ausbildung zunächst die koordinativen und konditionell-energetischen Fähigkeiten entwickeln.
- Sportliche Leistungen langfristig und an der Entwicklung von Kindern und Jugendlichen orientiert systematisch erarbeiten.
- Kinder und Jugendliche individuell betreuen, fördern und fordern.
- Die gesamte Persönlichkeitsentwicklung in den Vordergrund stellen.
- Kinder und Jugendliche von verantwortungsvollen Jugendtrainern betreuen lassen.

Darüber hinaus konkretisiert und vertieft der DHB in dieser Rahmentrainingskonzeption die allgemeinen Ausführungen in mehreren Unter-

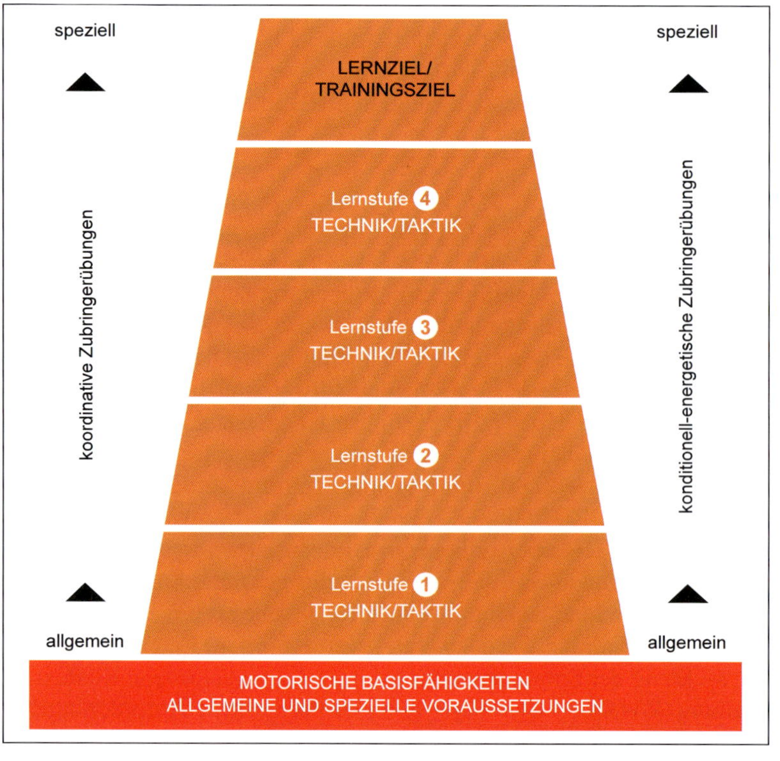

Abb. 5: Trainingsaufbau des Deutschen Handballbundes (Quelle: DHB, 2017)

kapiteln und betont dabei unter anderem die Phasen der Spielerausbildung, die Trainingssteuerung und Trainingsmethodik, die ganzheitliche Persönlichkeitsentwicklung sowie die Wettspiele in den Ausbildungsstufen. Zentral ist hierbei die Vorgabe, dass jede Bewegungssituation koordinative und konditionell-energetische Faktoren erfordert und diese daher bei athletisch-motorischen sowie technischen oder taktischen Trainingsformen berücksichtigt werden sollten (DHB, 2017). Insofern sollte eine vielseitige Bewegungsschulung insbesondere konditionelle sowie koordinative Fähigkeiten der Handballer fördern und entwickeln. Schließlich bilden diese das Fundament für die technische und taktische Ausbildung der Athleten, auf dem weitere handballspezifische Entwicklungsschritte aufbauen (vgl. Abb. 5).

Insgesamt sind die Vorgaben und Erläuterungen zu didaktisch-methodischen Aspekten sehr allgemein, was aber sicherlich auch damit zu erklären ist, dass die Rahmentrainingskonzeption auf einen langfristigen und nachhaltigen Trainingsaufbau ausgerichtet ist. An einigen Stellen finden sich jedoch auch einige konkretere didaktisch-methodische Hinweise für Trainer, meist mit Beispielen versehen und mit klarem Fokus auf der Inhalts- und Zielebene.

Detailliertere Vorgaben zur Qualifizierung von Trainern sowie zu einer didaktisch-methodisch orientierten Vorgehensweise im Training sind jedoch in anderen Veröffentlichungen des DHB zu finden.

An dieser Stelle seien beispielsweise das Referenten-Handbuch für die C-Trainer-Ausbildung (DHB, 2010) erwähnt, die Trainer-Handbücher der einzelnen Landesverbände oder weitere offizielle Publikationen des DHB (u. a. Eisele, 2017; Oppermann, Schubert & Ehret, 1997; Schubert & Späte, 2008a, 2008b;). Beschrieben sind in diesen Veröffentlichungen neben den für Handballtrainer erforderlichen bzw. wünschenswerten fachlichen, sozialen, methodischen und organisatorischen Kompetenzen, vor allem auch verschiedene Lehr-Lernformen, die im Training eingesetzt werden sollten. So sind bspw. im Referenten-Handbuch für die C-Trainer-Ausbildung des DHB (2010) im Kapitel zu Lehr-Lernmethoden insgesamt neun Unterkapitel aufgeführt. Diese umfassen neben allgemeinen Grundlagen des Lehrens und Lernens, verschiedene Methoden (u. a. zu Einstieg, Inhaltsvermittlung, Wiederholung, Auswertung) sowie diverse Tipps zum Medieneinsatz oder zum Verhalten als Trainer.

Besonders empfehlenswert ist aus didaktisch-methodischer Sicht das von Eisele in Kooperation mit dem DHB veröffentliche Manual „Handball für die Grundschule“ (Eisele, 2017), da dieses neben inhaltlichen Aspekten auch methodische und organisatorische Facetten umfasst. Auf der Zielebene werden für das Grundschulalter die allgemeinen Kompetenzen Fangen, Werfen, Prellen und das mit- und gegeneinander Spielen erläutert, v. a. mit dem übergeordneten Ziel, möglichst schnell eine Spielfähigkeit zu entwickeln. Obwohl nicht explizit von Eisele (2017) erwähnt, ist sein methodischer Grundsatz „Handball spielen von Beginn an“ vermutlich angelehnt an das *Genetische Lernen*, da seiner Empfehlung nach statt „langwierigen Übungen zum Erwerb technischer Grundlagen“, direkt mit vereinfachtem (elementarisiertem) Handballspielen gestartet werden soll (Eisele, 2017, S. 8). Am Ende sollen die Kinder das Zielspiel 4 gegen 4 praktizieren (teilweise wird in der Literatur auch 4+1 gegen 4+1 als Zielspiel aufgeführt). Für die Umsetzung bietet das Manual verschiedene Übungs- und Spielformen, die auf einer methodischen Hauptstraße sowie einem Lernkorridor Technik und Aspekten der Differenzierung basieren (vgl. Abb. 6). Ein methodischer Schwerpunkt liegt dabei u. a. auf dem impliziten und expliziten Lernen.

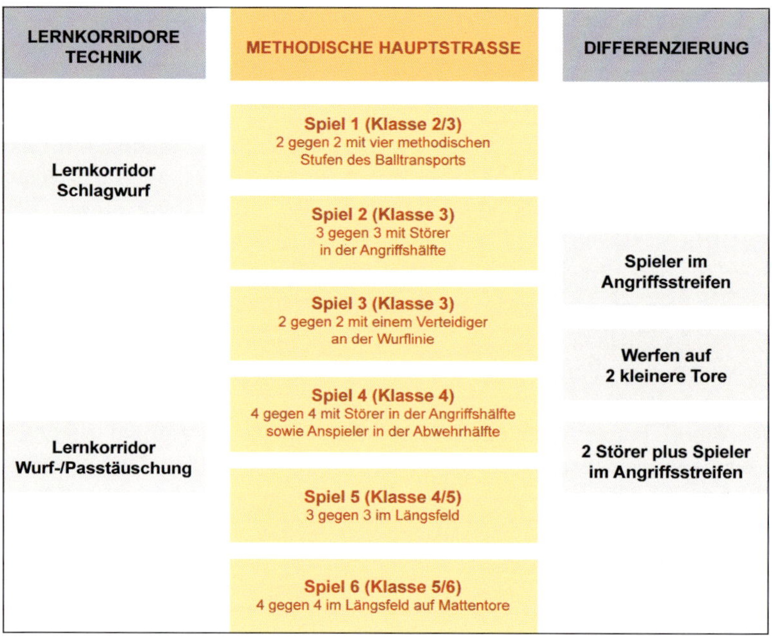

Abb. 6: Methodischer Weg zum Erreichen des Zielspiels 4 gegen 4 (Quelle: Eisele, 2017)

1.3.2 Spielen hat Vorfahrt – Entwicklung der Spielfähigkeit

Die möglichst frühe Entwicklung der Spielfähigkeit ist neben einer allgemein koordinativ-motorischen Grundausbildung mit und ohne Ball sowie einer entwicklungs- und altersgerechten Wettkampfform, eine von drei inhaltlichen Säulen der Vermittlung des Handballspiels (Eisele & Hahn, 2012). In diesem Zusammenhang plädieren Eisele und Hahn (2012), trotz teilweise unterschiedlicher Auffassungen wie die Entwicklung der Spielfähigkeit von Spielanfängern verlaufen soll, dafür, Aufsetzerhandballspiele als elementarisierte Handballspiele einzuführen, da bei diesen „die konstitutiven Elemente und die Struktur des Handballs beibehalten werden (Eisele & Hahn, 2012, S. 3). Für die Entwicklung der Spielfähigkeit wird ein dreistufiges Vorgehen (Vermittlungsmodell) nach Alter empfohlen (Minis – E-Jugend – D-Jugend), gekennzeichnet durch das didaktische Prinzip *Spielen hat Vorfahrt*. Diesem Vermittlungsmodell folgend, dominieren bei den Minis (Stufe 1) zunächst die allgemeinen Wettspiele (mit Hand, Fuß, Schläger), wohingegen die handballspezifischen Spiele (v. a. Aufsetzerhandballspiele)

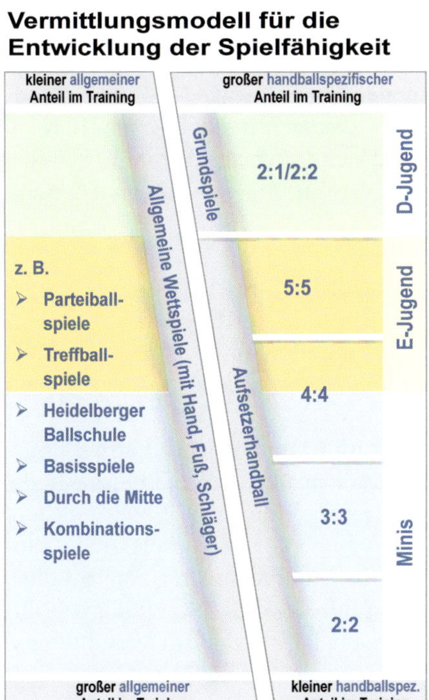

Abb. 7:
Vermittlungsmodell für die Entwicklung der Spielfähigkeit (Quelle: Eisele & Hahn, 2012)

nur einen kleinen Anteil im Training einnehmen. Beim Übergang in die E-Jugend (Stufe 2) und D-Jugend (Stufe 3) verlagern sich diese Anteile dann mehr und mehr zugunsten der handballspezifischen Spiele (vgl. Abb. 7).

Dass die Entwicklung der Spielfähigkeit beim DHB eine hohe Priorität einnimmt, verdeutlichen auch die Durchführungsbestimmungen im Kinderhandball (Neuhaus, 2015, 2016). Hier wird bspw. explizit darauf hingewiesen, dass eine aktive, offensive und ballorientierte Verteidigung eine klare Leitlinie des DHB-Rahmentrainingskonzeption für das Nachwuchstraining ist, da diese u. a. die Entwicklung der Spielfähigkeit fördert.

Weitere Publikationen des DHB, tlw. auch mit Bezügen zur Rahmentrainingskonzeption des DHB (z. B. Langhoff et al., 2006), führen auch didaktisch-methodische Aspekte auf, allerdings meist mit einem klaren Schwerpunkt auf der Inhalts- und auch Zielebene, wohingegen Vermittlungsmodelle, Methoden bzw. Lehr-Lernformen wenig Beachtung finden (vgl. bspw. Madinger, 2014; 2016a; 2016b; Schubert, 2000; 2009).

Diese kurz dargestellten Veröffentlichungen, Vorgaben und Empfehlungen des DHB richten sich überwiegend an die Mitglieder der Landesverbände, an aktive bzw. angehende Trainer sowie an weitere Handballinteressierte. Es existieren im didaktisch-methodischen Bereich jedoch auch einige Publikationen, die sich bspw. an Akteure in Schulen und Hochschulen richten und bei der Vermittlung von Handball berücksichtigt werden sollten.

Insbesondere die Publikationen, die an der Schnittstelle Schule und Verein ansetzen, mit dem Ziel Handball im Schulsport stärker zu verankern oder auszuweiten, sind zu empfehlen (u. a. Bommas, 1991; Martin & Korfsmeier, 2007a, 2007b; Mosebach, 2006).

So führte bspw. Bommas schon 1991 im Rahmen seines Vermittlungsmodells eine neue Methode ein, die sogenannte Konfrontationsmethode. Der Leitgedanke dabei ist „Spielen lernen durch das Spiel", in dem Kinder nicht voraussetzungs- und bedingungslos in komplexe Situationen hineinversetzt werden, sondern in Situationen mit einem hohen Aufforderungscharakter, in denen anschließend die Spielfähigkeit allmählich erweitert wird. Empfehlenswert ist bei diesem Vermittlungsansatz eine didaktische Reduktion (Komplexitätsreduktion), statt einer Zergliederung des Spiels in einzelne Elemente (Bommas, 1991), was in Grundzügen dem von Loibl (2006) propagierten *Genetischen Lernen* entspricht.

Einen anderen Vermittlungsweg wählt Mosebach (2006), wenngleich auch er in der Schule Nachwuchs für die Handballvereine gewinnen möchte, in dem das Handballspiel mit modifizierten Regeln im Sportunterricht thematisiert wird. Der Fokus liegt bei Mosebach (2006) vor allem auf den im Sportunterricht herausfordernden Situationen, wonach bei Anfängern oftmals die Position des Torhüters unbeliebt ist und im Sportunterricht viele Schüler auf begrenztem Raum gleichzeitig aktiviert werden sollten.

Martin und Korfsmeier (2007a, 2007b) richten ihre beiden aufeinander aufbauenden Beiträge vor allem an Handballtrainer, die mit methodischen Übungsreihen für Handballanfänger (Erlernen der Techniken Nullkontakt, 1 gegen 1 und Sprungwurf) das Handballspiel modifizieren und in Schulen anbieten sollen. Im Vordergrund steht wiederum das Ziel, ggf. neue Talente für den Verein zu entdecken und den Schülern ggf. neue Bewegungserfahrungen zu ermöglichen. Beide Beiträge greifen jedoch für Anfänger methodische Übungsreihen auf, mit dem Ziel handballspezifische Techniken bzw. Taktiken zu vermitteln (zudem sehr trainerzentriert) und stehen somit etwas im Widerspruch zum Vermittlungsmodell zur Entwicklung der Spielfähigkeit (u. a. Eisele, 2017; Emrich & Hahn, 2012).

Kapitel

2

Erwärmung und Ballgewöhnung

2.1 Handballspezifische Bewegungserfahrungen

Lauf-ABC und Bewegungsarten

Schattenlaufen

Ball-Matten-Memory

Sternenparcours mit Prellelementen

Spiel ohne Grenzen

2.2 Spielformen

Seeungeheuer

Huckepackfangen

Sandwich

Schiffsstrandung

Ballfangrettung

Lauf – Fang – Panner

Chinesische Handballmauer

Dreierfang

Feuer – Wasser – Sturm

Zu Beginn einer Unterrichtseinheit kommen die Kinder in einer ihnen bekannten Organisationsform (z. B. Sitzkreis in der Hallenmitte) zusammen. Idealerweise nutzt die Lehrkraft hier feste und damit bekannte Rituale. Nach einer kurzen Begrüßung empfiehlt es sich, wenn die Lehrkraft die Lernziele und ggf. auch groben Inhalte (Thema) der Stunde ankündigt und, sofern möglich, den Kindern auch Mitsprache und damit Gestaltungsmöglichkeiten beim Lehr-/Lernprozess anbietet. Dieser Stundeneinstieg sollte gut vorbereitet, motivierend und in der Regel auch kurz sein, um ausreichend Aktivitäts- und Lernzeit zu haben.

Organisatorische Dinge, wie etwa das Abklären von Wettkämpfen (Jugend trainiert für Olympia, Turnier, Rundenspiele, Sportfeste etc.), sollten – sofern möglich – außerhalb der eigentlichen Stunden- und Lernzeit platziert werden. Auf Vereinsebene bietet sich hierfür bspw. das Einrichten eines elterlichen E-Mail-Verteilers an, mit dessen Hilfe alle Informationen weitergegeben und organisatorische Dinge geklärt werden können.

Im Unterricht bzw. Vereinstraining sollte die Lehrkraft zudem auf gelegentliche Trinkpausen achten, die wiederum für weitere Erklärungen, Diskussionen, Reflexionen etc. genutzt werden können. Außerdem sollten die Lehrkräfte die Kinder im Sinne der Gesundheitserziehung auch zur Einhaltung von Hygienemaßnahmen anhalten.

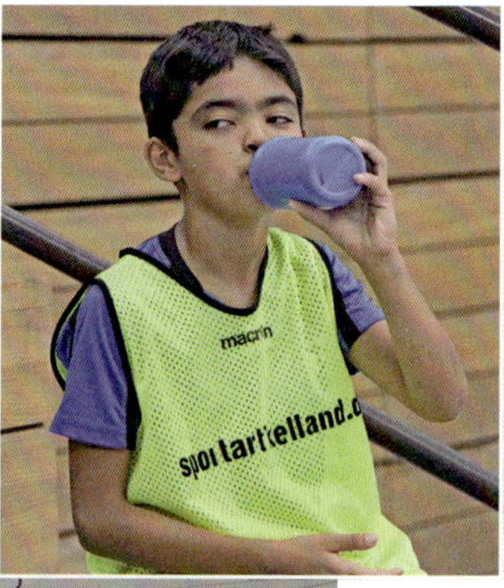

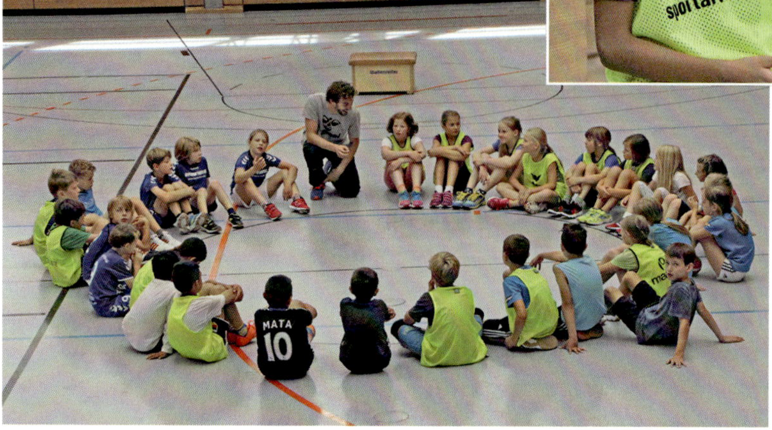

Abb. 8: Sammeln im Kreis zu Unterrichts-/Trainingsbeginn

2.1 Handballspezifische Bewegungserfahrungen

Lauf-ABC und Bewegungsarten

Material	Handbälle (für Variationen)

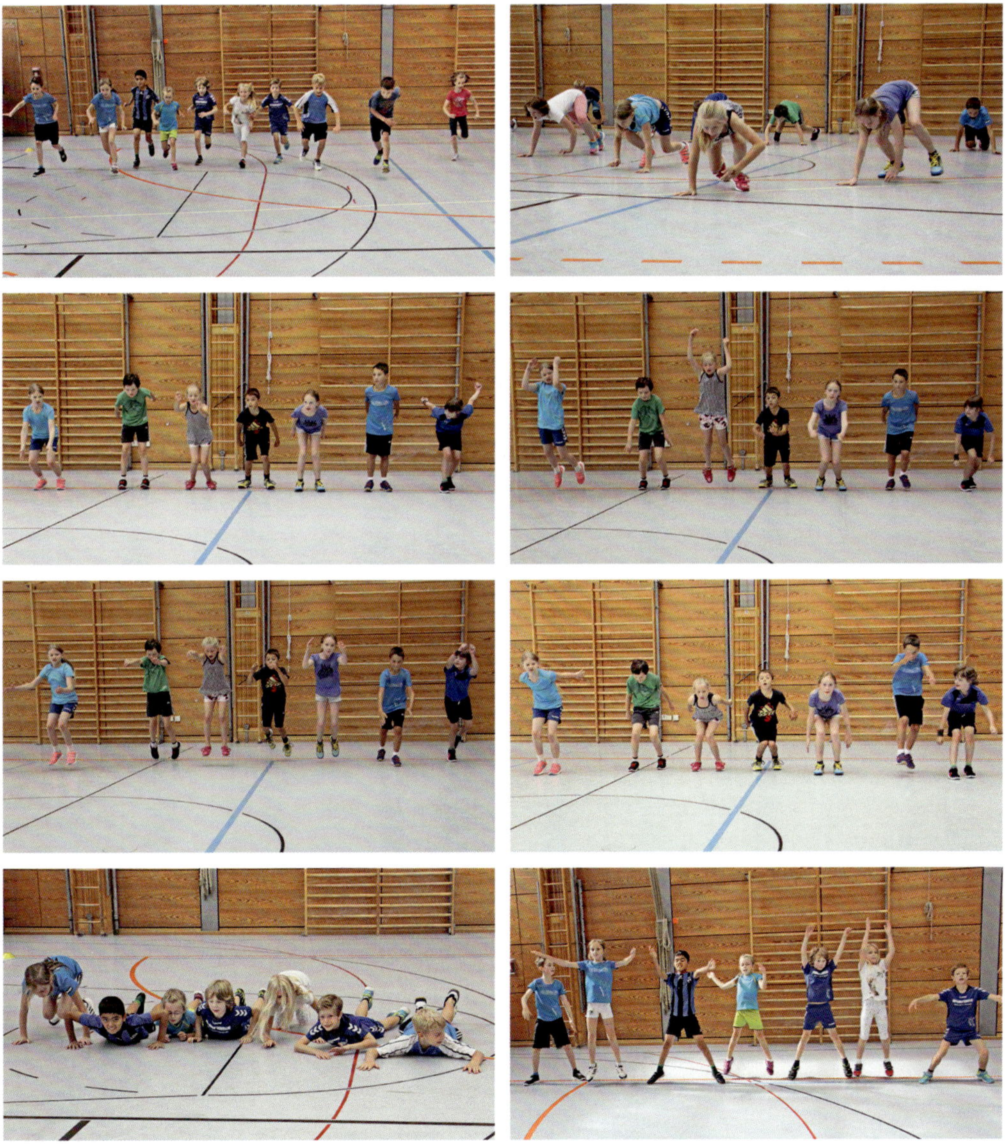

Abb. 9: Lauf-ABC und verschiedene Bewegungsarten zur Erwärmung

Organisation

Alle Kinder stellen sich nebeneinander auf einer Seitenlinie in der Halle auf und führen nach Vorgabe der Lehrkraft verschiedene Bewegungsarten aus.

Ablauf

- Vorwärts, rückwärts, seitwärts laufen.
- Armkreisen vorwärts, Armkreisen rückwärts, Arme entgegengesetzt kreisen.
- Anfersen und anskippen (Knie im Wechsel Richtung Brust ziehen; dabei bleibt der Oberkörper aufrecht).
- Side-Steps und Beine vorne und hinten im Wechsel übersetzen.
- Im Schlangengang kriechen.
- Im Hopserlauf laufen, dabei Sprunghöhe variieren.
- Im Bärengang (siehe Abb. 9) laufen.
- Im Spinnengang (siehe Abb. 9) laufen.
- Auf dem Weg zur anderen Hallenseite: Nur mit dem linken Bein springen; Auf dem Rückweg: Nur mit dem rechten Bein springen.
- Auf dem Weg zur anderen Hallenseite: Froschsprünge (beidbeinige Sprünge) nach vorne; auf dem Rückweg: Rückwärts laufen (siehe Abb. 9).
- Auf Startsignal: Loslaufen, in der Mitte und am Ende der Laufstrecke jeweils kurz in Bauchlage gehen, dann wieder zurücklaufen.
- Auf Startsignal: Loslaufen, in der Mitte und am Ende der Laufstrecke möglichst schnell fünf Hampelmänner machen, dann wieder zurücklaufen.
- Auf Startsignal: Loslaufen, in der Mitte und am Ende der Laufstrecke fünf Strecksprünge machen (so hoch wie möglich), dann wieder zurücklaufen.

Variationen

- Alle Bewegungsvarianten (Übungen) mit Ball in der Hand durchführen. Dabei den Ball um die Hüfte kreisen oder ihn prellen.
- Ein Auge dabei schließen.

Schattenlaufen

Material

Handbälle, Musik (für Varianten)

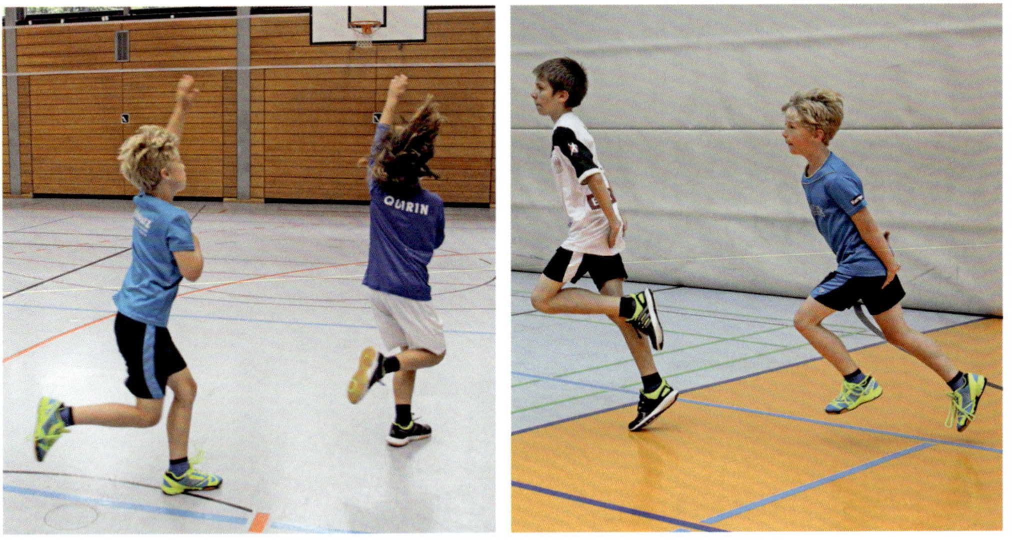

Abb. 10: Schattenlaufen mit Lauf-ABC-Übungen

Organisation

Im Unterschied zum Lauf-ABC und den Bewegungsarten, gehen alle Kinder paarweise zusammen und laufen frei in der Sporthalle.

Ablauf

Ein Partner läuft vorneweg, der andere im Abstand von zwei bis drei Metern hinterher. Der Vordermann ist für die selbstständige Ausführung der verschiedenen Bewegungsarten verantwortlich.

Variationen

- Der Vordermann absolviert nach Ansage der Lehrkraft die Übungen aus dem Lauf-ABC.
- Musik einspielen. Sobald diese stoppt, wechseln Vorder- und Hintermann die Position.
- Jedes Kind nimmt sich einen Handball und führt alle Laufbewegungen mit dem Ball aus: Prellen, am Fuß führen, um den Körper/Kopf kreisen.
- Dabei führen die Kinder die Varianten aus dem Lauf-ABC aus.

Ball-Matten-Memory

Material

Vier Turnmatten, ein Ballwagen (alternativ: kleine Kästen), vier verschiedene Arten von Bällen (z. B. Hand-, Fuß-, Basket-, Tennisbälle), Musik.

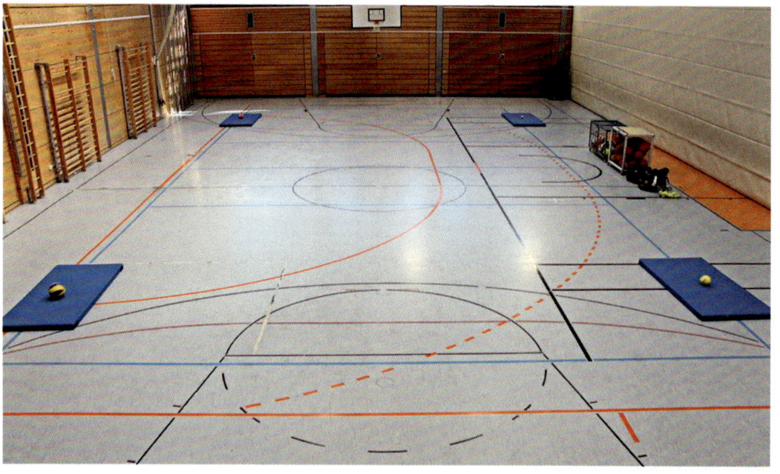

Abb. 11: Aufbau Ball-Matten-Memory

Organisation

Die vier Turnmatten werden an die Ecken der Turnhalle gelegt (mit seitlichem Abstand zur Wand). Auf jeder Matte liegt genau ein Ball. Der Ballwagen mit weiteren Bällen befindet sich bei der Lehrkraft. Es wird Musik eingespielt.

Ablauf

Die Lehrkraft wirft, während die Musik läuft, nacheinander Bälle aus dem Ballwagen in die Halle. Die Kinder bewegen sich frei in der Halle und versuchen einen Ball zu fangen. Sobald die Musik stoppt, rennen die Kinder mit ihrem Ball zu der Matte mit dem entsprechenden Ball (Fußball zu Fußball etc.) und legen diesen ab. Im Anschluss werden die Bälle wieder im Ballwagen gesammelt.

Variationen

- Die Mattenanzahl und die Ballarten werden erweitert.
- Die Anordnung der Matten wird variiert (Abstand).
- Haben zwei Kinder einen Ball, vollziehen sie einen Balltausch.
- Nach Sicherung eines Balles durch ein Kind, legt es seinen Ball direkt auf der Matte ab und sammelt dann noch weitere Bälle. Dabei erfolgt das Ball ablegen stets im Prellvorgang.

Sternenparcours mit Prellelementen

Material Fünf Hütchen, ein Handball für jedes Kind

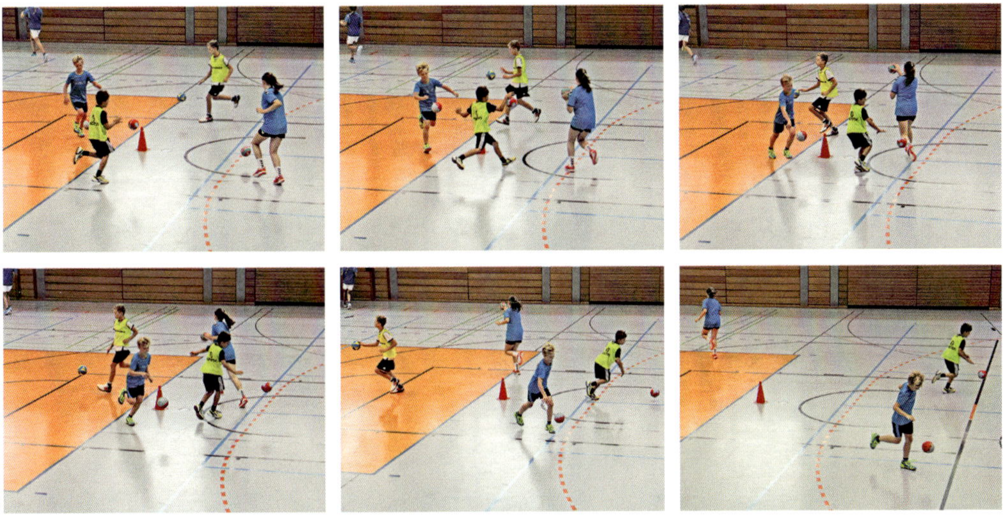

Abb. 12: Ankunft der Kinder am Sternenparcours

Organisation In jede Hallenecke ein Hütchen aufstellen und alle Kinder gleichmäßig auf diese Hütchen verteilen. Das fünfte Hütchen in die Mitte der Halle stellen (mit gleichem Abstand zu den vier äußeren Hütchen).

Ablauf Immer auf ein Startsignal der Lehrkraft (Auftippen eines Balles, Pfiff etc.), starten die ersten vier Kinder in Richtung des in der Mitte aufgestellten Hütchens und laufen dann weiter zum diagonal gegenüberliegenden Hütchen.
Die Kinder führen dabei die verschiedenen Übungen aus dem Lauf-ABC (siehe S. 45) durch. Es sollten möglichst viele Kinder gleichzeitig aktiv sein.

Variationen

- Die Kinder laufen um das mittlere Hütchen herum und stellen sich hinter der nächsten Gruppe im Uhrzeigersinn an.
- Die Kinder laufen einmal um das Hütchen herum und stellen sich an ihrem eigenen Hütchen wieder an.
- Beim Hütchen in der Mitte wird der Ball mit einem der anderen drei Kinder getauscht.
- Vier Hütchen in der Mitte als Quadrat aufstellen. In diesem Quadrat tauschen die Kinder ihre Bälle.

Spiel ohne Grenzen

Aufbau

Der Aufbau vom *Spiel ohne Grenzen* kann je nach Hallenmaterial, Hallengröße und der zur Verfügung stehenden Zeit variiert bzw. reduziert werden. Da für den kompletten Aufbau 45 Minuten einzuplanen sind, eignet sich das *Spiel ohne Grenzen* ideal für Weihnachtsfeiern, Erlebnistage oder auch Handball-Projekttage an Schulen. Es können aber auch nur ausgewählte Stationen zu bestimmten Themengebieten aufgebaut werden.

Organisation

Das *Spiel ohne Grenzen* kann im Stationsbetrieb durchgeführt werden und ist für 40 bis 60 Kinder ausgerichtet. Sofern möglich (bspw. bei Projekttagen), bietet es sich an, jede Station von einem Helfer betreuen zu lassen, der dann bspw. die zu Beginn ausgeteilten Sammelzettel mit den Übungen abhakt.

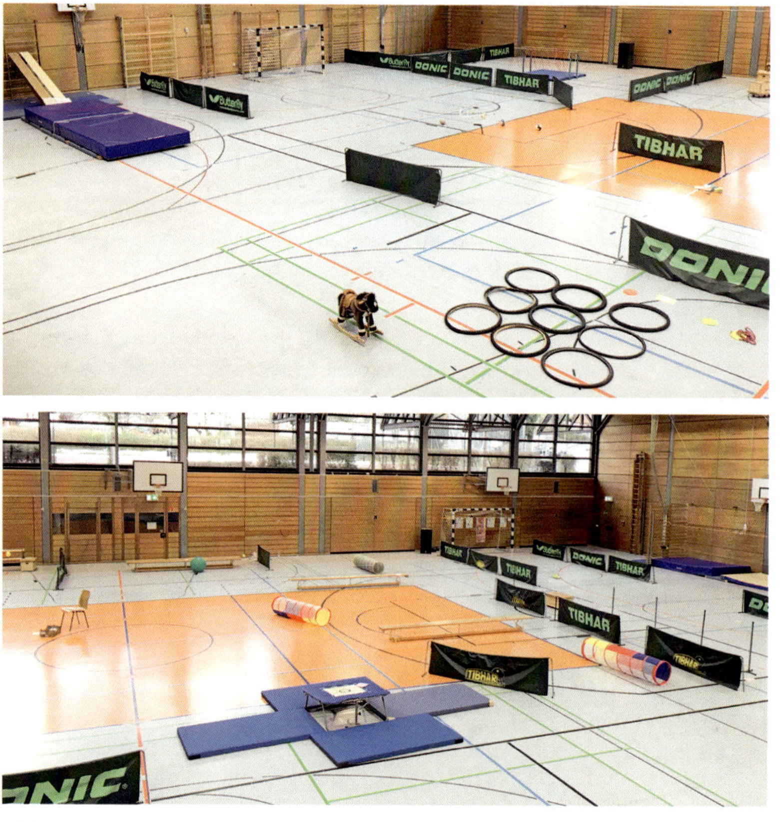

Abb. 13: Aufbau Spiel ohne Grenzen in der kompletten Sporthalle

Stationen

Werfen

Station 1: Zielwerfen

Material: Zeitungsseiten, Handballtor, Tesakrepp, Soft-/Tennisbälle.

Die Zeitungsseiten mit Tesakrepp in das Tor hängen. Die Kinder versuchen mit Soft- oder Tennisbällen die Zeitungsseiten im Tor von einer festgelegten Abwurflinie aus zu treffen.

Station 2: Abwurf der Bowlingkugel

Material: Gymnastikball, zwei Langbänke, ein bis drei Softbälle

Die zwei Langbänke stehen nebeneinander. Der Abstand wird dabei so gewählt, dass der Gymnastikball dazwischen liegen und sich bewegen kann. Der Gymnastikball rollt zwischen den Bänken von einer Seite zur anderen und die Kinder versuchen dabei, diesen mit einem Softball von den Bänken herunter zu werfen.

Station 3: Abwurf der Luftballons

Material: Luftballons, zwei kleine Kästen, Langbank, Softball.

Die Langbank wird stabil auf zwei kleine Kästen gestellt. Die Luftballons werden zwischen Bankplatte und Balken der Langbank platziert bzw. leicht eingeklemmt. Mit dem Softball versuchen die Kinder so viele Luftballons wie möglich herauszuwerfen.

Station 4: Teebeutelweitwurf

Material: Teebeutel (alternativ: Zeitungspapier, Tischtennisbälle etc.), Tesakrepp.

Mit Tesakrepp wird eine Abwurflinie festgelegt. Die Kinder versuchen die Teebeutel (oder andere Gegenstände) mit Anlauf möglichst weit in das freie Feld zu werfen. Dabei darf man den Teebeutel nicht verknoten oder beschädigen. Alternativ können andere, möglichst leichte Gegenstände verwendet werden.

Bewegungserfahrung/Koordination

Station 5: Schwebebalken

Material: Ringe, Langbank, Weichbodenmatten, kleine Matten.

Eine Langbank wird knapp über dem Hallenboden fest in die Turnringe eingehängt. Unter und neben der hängenden Langbank werden aus Sicherheitsgründen ausreichend kleine Matten und/oder Weichbodenmatten ausgelegt. Die Kinder balancieren auf der Langbank und springen am Ende auf die dort platzierte Weichbodenmatte.

Station 6: Seilgarten

Material: Slackline, Sprossenwände, kleine Turnmatten.

Eine Slackline zwischen zwei Sprossenwände befestigen. Dabei den Hallenboden mit kleinen Turnmatten absichern. Die Kinder starten bei einer Sprossenwand und balancieren auf der Slackline zur anderen Sprossenwand.

Station 7: „Ab in den Tunnel"

Material: Zwei Langbänke, zwei Katzentunnel.

Die zwei Langbänke stehen etwas versetzt im Abstand von ca. vier Metern. Die zwei Katzentunnel werden im Anschluss an die Langbänke ebenfalls versetzt aufgestellt im Abstand von zwei Metern. Die Kinder laufen im Slalom zwischen den zwei Langbänken und kriechen durch die beiden Katzentunnel. Variationen: Auf den Langbänken laufen, Rückwärts durch die Katzentunnel.

Station 8: Skispringer

Material: Sprossenwand, Weichbodenmatten, kleine Matten, Tesakrepp, Teppichfliesen.

Die zwei Langbänke werden fest in der Sprossenwand eingehängt. Dabei kann das Gefälle je nach Alter und Können der Kinder variiert werden. Zur Absicherung werden neben die Bänke Weichbodenmatten und/oder kleine Matten ausgelegt. Die Kinder rutschen mit den Teppichfliesen die Langbänke herunter und springen am Ende auf die dort platzierte Weichbodenmatten. Mit Tesakrepp können drei unterschiedliche Weiten oder Zielbereiche markiert werden.

Geschicklichkeit

Station 9: Hockeygolf

Material: Hockeyschläger (alternativ: Floorballschläger) und Puck (alternativ: Tennisball).

Es wird eine Hallenöffnung (z. B. zur Verankerung von Toren) im Boden geöffnet und markiert bzw. gesichert. Aus einer Entfernung von drei bis fünf Metern versuchen die Kinder mit dem Schläger den Puck/Ball einzulochen.

Station 10: Leichttransport

Material: Tischtennisbälle, Strohhalme, zwei Eimer.

Die Tischtennisbälle liegen in einem Eimer. Die Kinder versuchen die Tischtennisbälle mit einem Strohhalm anzusaugen und dann in den nächsten Eimer zu transportieren.

Station 11: Hängebrücke

Material: Barren, Seile.

Zwischen die Holme eines Barrens werden mehrere Seile locker aufgehängt (in gleichen oder unterschiedlichen Höhen sowie Abständen). Die Kinder balancieren auf den Seilen zur anderen Seite.

Wettkampfstationen

Station 12: Tic-Tac-Toe

Material: Neun Reifen, rote und gelbe Markierungsplättchen/Überziehleibchen.

Die neun Reifen als Quadrat (3 x 3 Reifen) auslegen. Zwei Gruppen bilden. Jede Gruppe hat eine Farbe der Markierungsplättchen/Überziehleibchen in der Hand. Auf Signal startet aus jeder Gruppe das erste Kind und legt sein Markierungsplättchen in einen der (noch nicht belegten) Reifen ab. Gewonnen hat die Gruppe, die zuerst eine Reihe mit drei gleichfarbigen Markierungsplättchen/Überziehleibchen belegt hat.

Station 13: Stift in die Flasche

Material: Kugelschreiber, zwei Plastikwasserflaschen (mind. 1 Liter), Reifen, Schnur.

Die Kugelschreiber mit einer Schnur an einem Reifen befestigen, sodass Kinder den Reifen etwa hüfthoch mit beiden Händen festhalten können und der Kugelschreiber dabei in geringem Abstand zum Boden hängt bzw. die Schnur immer gespannt ist. Die Kinder halten den Reifen so, dass der Kugelschreiber hinter dem Rücken hängt. Zwei Gruppen bilden.
Auf Startsignal versuchen die Kinder jetzt den Kugelschreiber in die aufgestellten Flaschen einzufädeln. Dabei dürfen sie Schnur, Kugelschreiber oder Wasserflasche nicht berühren bzw. festhalten.

2.2 Spielformen

Seeungeheuer

Material

Eine Weichbodenmatte, vier Reifen oder Hütchen.

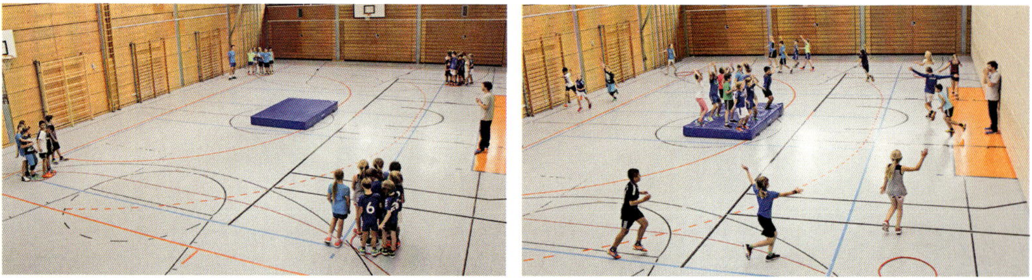

Abb. 14: Spielform Seeungeheuer mit Übungen aus dem Lauf-ABC

Organisation

Die Weichbodenmatte wird in die Mitte der Sporthalle gelegt. Die vier Reifen (alternativ: Hütchen) werden im Viereck um die Weichbodenmatte platziert. Die Lehrkraft bestimmt ein Kind zum *Seeungeheuer*, welches auf der Weichbodenmatte steht. Die vier Reifen werden möglichst nach zweisilbigen Tiernamen benannt (z. B. Löwe, Nashorn, Nilpferd, Tiger). Die Kinder verteilen sich gleichmäßig auf die vier Reifen.

Ablauf

Die Kinder laufen im Uhrzeigersinn um die Reifen herum und können dabei auch Übungen aus dem Lauf-ABC ausführen (Zusatzaufgaben; siehe S. 45). Die Lehrkraft ruft nach einiger Zeit einen der gewählten Tiernamen. Nun versuchen die aus*gerufenen Tiere* auf direktem Weg und so schnell wie möglich zu ihrem eigenen Reifen zurückzukommen. Das *Seeungeheuer* auf der Matte versucht diese Tiere zu fangen. Gelingt dies, erhöht sich die Anzahl an *Seeungeheuern*. Ruft die Lehrkraft *Seeungeheuer*, versuchen alle Kinder zu ihren Stationen zu kommen und das *Seeungeheuer* darf alle Tiere fangen. Darauf achten, dass die Laufphasen nicht zu lang werden. Laufvariationen anwenden.

Variationen

- Während die *Tiere* laufen, macht das Seeungeheuer auf der Weichbodenmatte Hampelmänner oder andere Übungen.
- Es wird Musik eingespielt und sobald diese stoppt, wird der Tiername gerufen.
- Alle Kinder haben einen Ball in der Hand und prellen ihn.
- Nach dem Ausruf *Seeungeheuer* werden neue Tiernamen festgelegt.

Huckepackfangen

Material

—

Organisation

Die Kinder bewegen sich frei in der Sporthalle. Ein Fänger wird bestimmt.

Ablauf

Der Fänger versucht die anderen Kinder zu fangen. Beim Fangen eines Kindes wird der Fänger selbst frei (und kann selbst wieder gefangen werden), und der Gefangene wird zum neuen Fänger. Kinder können nicht gefangen werden, wenn sie *Huckepack* von einem Mitspieler getragen werden. Dabei dürfen sie maximal drei Sekunden im *Huckepack* bleiben und nicht zweimal nacheinander den selben Mitspieler auswählen.
Der Fänger darf nicht vor dem Paar warten, bis die drei Sekunden vorüber sind.

Variationen

- Die Fänger haben einen Handball in der Hand und versuchen die anderen Kinder zu fangen, indem sie diese mit dem Ball berühren.
- Je nach Gruppengröße werden mehrere Fänger bestimmt.
- Als Alternative zu Huckepack-Positionen, stellen sich die Kinder eng nebeneinander hin und dürfen dann nicht gefangen werden. Stellt sich ein drittes Kind seitlich dazu, muss das äußere Kind auf der anderen Seite schnell weglaufen.
- Ein Kind versucht ein anderes Kind in *Wiegeposition* zu halten (siehe Abb. 15).
- Die Kinder dürfen sich nur auf den verschiedenen Hallenlinien bewegen.

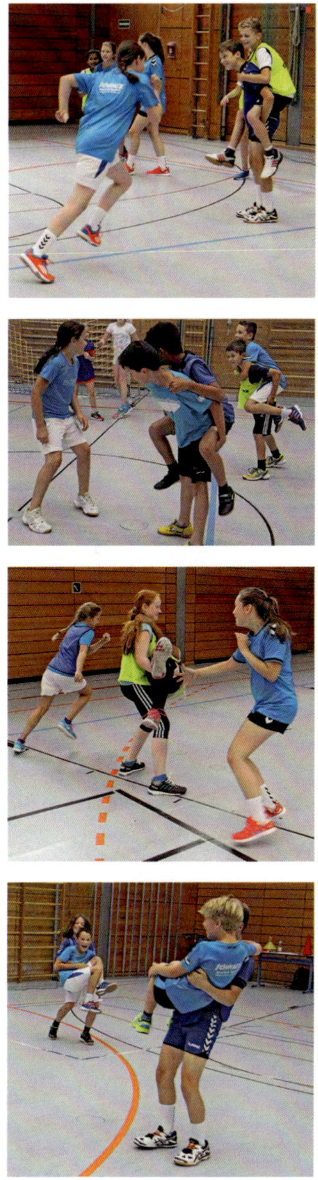

Abb. 15: Huckepackfangen u. a. mit *Wiegeposition*

Sandwich

Material

—

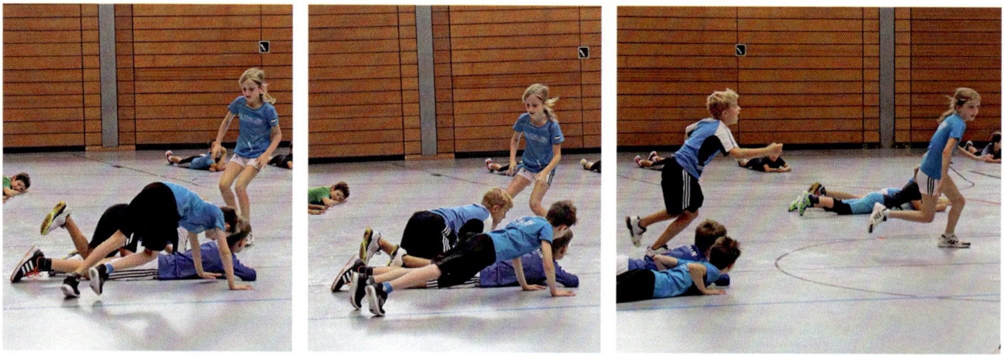

Abb. 16: Wechsel der Aufgabenstellung. Fänger und Läufer nach Ablegen

Organisation

Die Kinder gehen paarweise zusammen und verteilen sich in der Sporthalle. Sie legen sich nebeneinander auf den Bauch. Einen Fänger und einen Läufer bestimmen.

Ablauf

Der Fänger versucht den Läufer zu fangen. Der Läufer kann dem Fänger entfliehen, indem er sich seitlich neben einer Zweiergruppe auf den Boden legt. Gelingt dies, steht das nun in der Dreiergruppe außen liegende Kind auf und wird sofort zum Fänger. Der vorherige Fänger wird jetzt zum Läufer.

Variationen

- Je nach Gruppengröße mehrere Fänger und Läufer bestimmen.
- Alle Kinder liegen auf dem Rücken.
- Alle Kinder sitzen im Langsitz. Der Läufer springt über die Beine der Mitspieler und kann sich somit retten.
- Alle Kinder sind im Liegestütz oder Unterarmstütz *(Baumstamm)*. Der Fänger legt sich im Stütz daneben.
- Alle Kinder haben einen Handball und halten diesen während des Spiels in einer Hand. Alternativ: Fänger und Läufer prellen jeweils ihren Handball.

Schiffsstrandung

Material

Ein Reifen für jedes Kind, Schaumstoffball/Softball

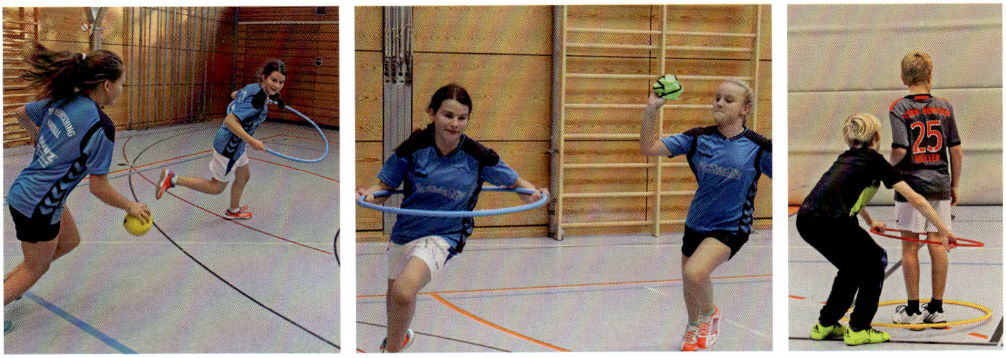

Abb. 17: Jagd auf die davonlaufenden Schiffe

Organisation

Jedes Kind nimmt sich einen Reifen, steigt hindurch und hält den Reifen auf Hüfthöhe mit gestreckten Armen fest. Einen Fänger bestimmen, der den Schaumstoffball hält. Alle Kinder bewegen sich frei in der Halle.

Ablauf

Der Fänger versucht den Schaumstoffball durch die Reifen der anderen Kinder zu werfen. Gelingt dies bei einem Kind, muss es stehen bleiben und seinen Reifen auf den Boden legen. Das Kind (gestrandetes Schiff) kann erst wieder mitmachen, wenn ein Mitspieler seinen Reifen auf Hüfthöhe von oben nach unten um das „Schiff" herumführt.

Variationen

- Je nach Gruppengröße mehrere Fänger mit Schaumstoffball bestimmen.
- Die Fänger spielen sich den Schaumstoffball zu (es sind nur drei Schritte erlaubt).
- Anstatt Schaumstoffbällen werden Überziehleibchen verwendet.

Ballfangrettung

Material

Zwei Überziehleibchen, 5 bis 7 Softbälle, Musik

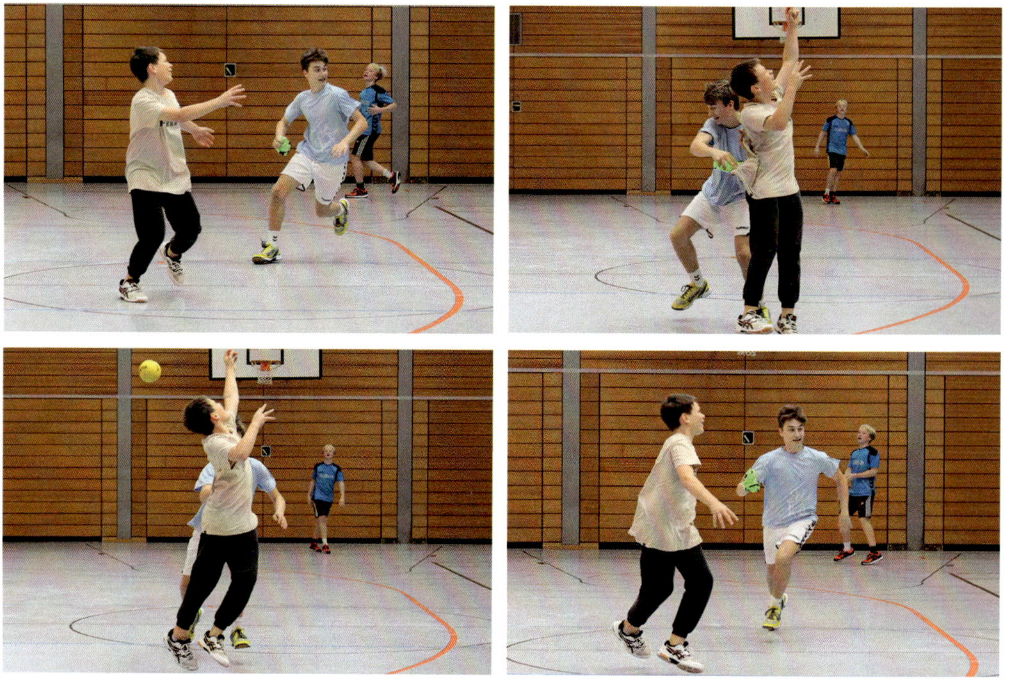

Abb. 18: Versuch der Ballrettung durch Fangen des Balles

Organisation

Zwei Fänger bestimmen, die jeweils ein Überziehleibchen in der Hand halten. Alle Kinder bewegen sich frei in der Sporthalle. Es sind – je nach Gruppengröße – 5 bis 7 Softbälle im Spiel.

Ablauf

Bei Musikbeginn versuchen die beiden Fänger die anderen Kinder mit ihrem Überziehleibchen zu berühren und somit zu fangen. Gelingt dies, übergibt der Fänger dem Kind das Überziehleibchen. Die Kinder können sich schützen, also nicht gefangen werden, wenn sie einen Softball in der Hand halten oder zugepasst bekommen.
Mit dem Ball in der Hand dürfen beliebig viele Schritte gemacht werden. Die Fänger dürfen die Softbälle nicht berühren.

Variationen

- Die Handballregeln werden Stück für Stück eingeführt: Die Softbälle dürfen lediglich drei Sekunden in der Hand gehalten werden. Mit dem Ball in der Hand sind nur drei Schritte erlaubt.

Lauf – Fang – Panner

Material

Einen Handball für jedes Kind

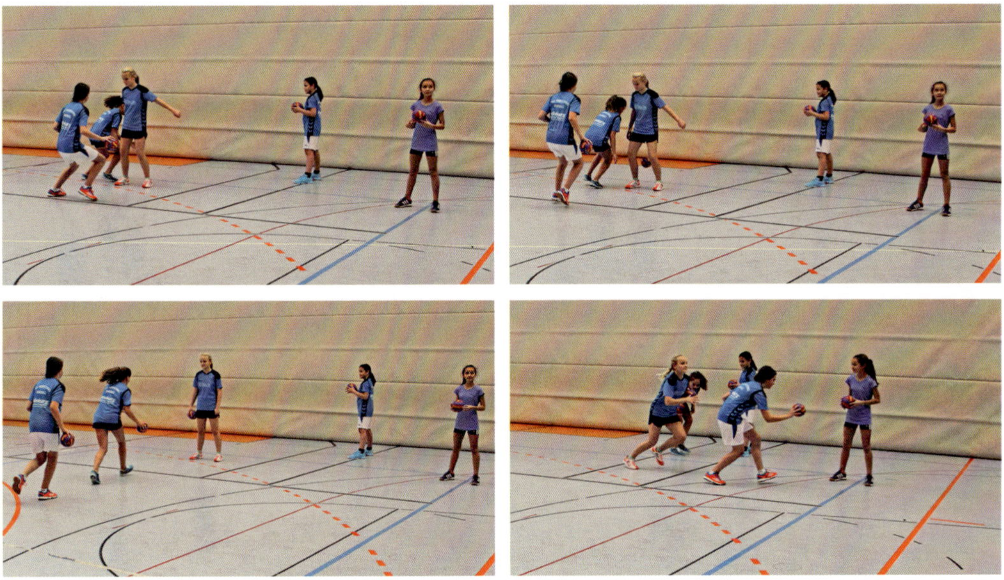

Abb. 19: Spielform Lauf – Fang – Panner mit Aufgabenwechsel

Organisation

Die Kinder verteilen sich in der Sporthalle, stehen mit gegrätschten Beinen da und halten ihren Ball mit beiden Händen fest. Einen Läufer mit Ball und einen Fänger mit Ball bestimmen.

Ablauf

Der Fänger muss den Ball prellen und versuchen, den Läufer (ebenfalls prellend) zu fangen. Der Läufer kann dem Fänger entkommen, indem er seinen Ball durch die gegrätschten Beine eines stehenden Kindes rollt oder prellt. Dieses Kind wird dann zum Fänger, während der bisherige Fänger zum Läufer wird (vgl. Spielidee der Spielform „Sandwich“ auf S. 56).

Variationen

- Der Fänger hält den Ball nur in der Hand (prellt nicht).
- Mit Ausnahme des Läufers und Fängers stehen alle Kinder auf einem Bein. Sobald der Läufer in ihre Nähe kommt, gehen sie in die Grätschstellung.
- Je nach Gruppengröße mehrere Fänger und Läufer bestimmen.
- Läufer- und Fängerpaare bilden, die sich an den Händen halten und in der Halle laufen.

Chinesische Handballmauer

Material

Einen Handball für jedes Kind, Musik

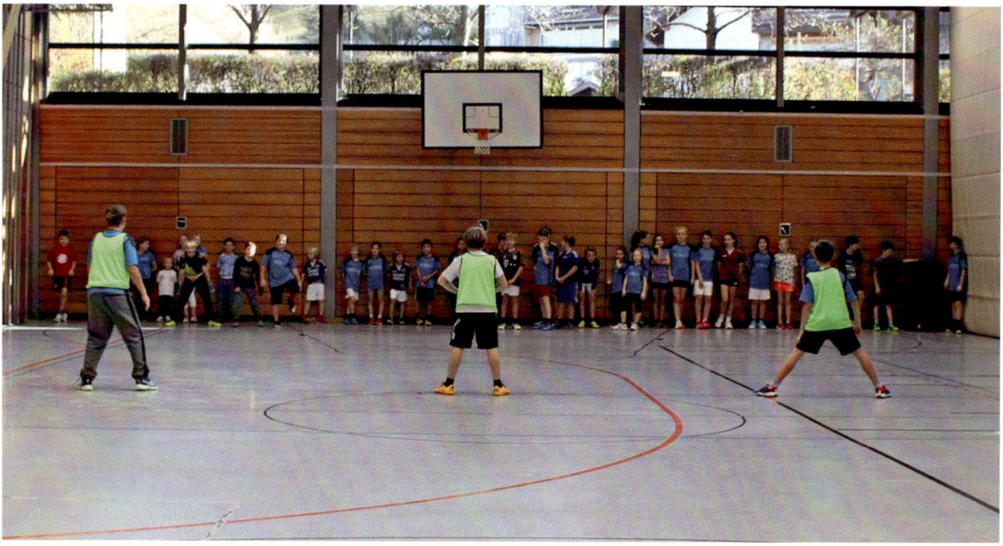

Abb. 20: Ausgangsposition Spielform Chinesische Handballmauer

Organisation

Alle Kinder stehen mit ihrem Handball auf einer Linie der Querseite der Sporthalle. Einen *Chinesischen Handballwachmann* bestimmen, der auf der Mittellinie ebenfalls mit einem Ball steht. Er darf sich auf dieser Mittellinie lediglich seitlich nach links und nach rechts bewegen und hält seinen Ball während des gesamten Spiels fest in der Hand.

Ablauf

Auf ein Signal (Pfiff, Klatschen etc.) starten die Spieler prellend von ihrer *Startlinie* zur gegenüberliegenden *Endlinie*. Wenn die Kinder zur Mittellinie kommen, versucht der Handballwachmann diese Kinder mit dem Ball in der Hand zu berühren. Gelingt dies, hat er einen weiteren Wachmann gewonnen, der sich ebenfalls auf die Mittellinie stellt und neue Wachmänner durch Berühren mit seinem Ball gewinnen kann.

Variationen

- Je nach Gruppengröße mehrere *Chinesische Handballwachmänner* festlegen.
- Auch die Wachmänner prellen nun durchgehend und versuchen so, die laufenden Spieler zu berühren.

Dreierfang

Material

Überziehleibchen für zwei Mannschaften (zwei verschiedene Farben), Musik

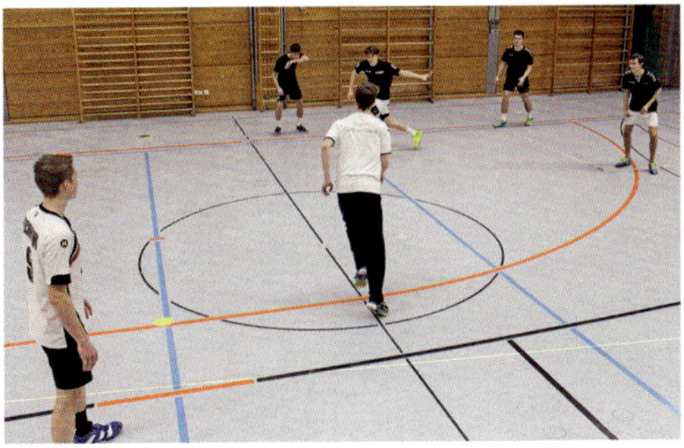

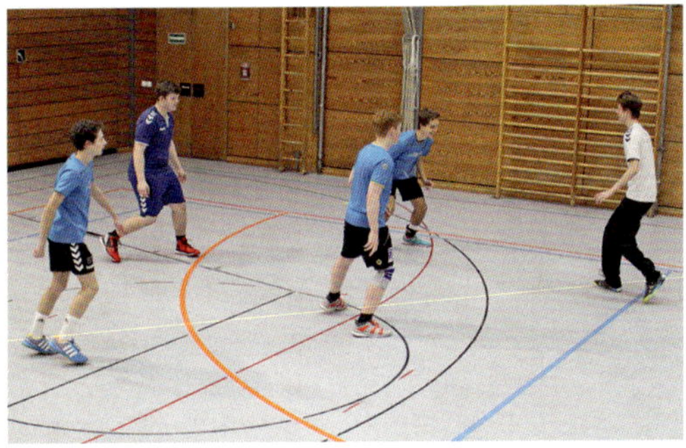

Abb. 21: Spielform Dreierfang

Organisation

Drei Mannschaften bilden, von denen zwei Mannschaften die verschiedenfarbigen Überziehleibchen anziehen. Zwei gleich große Spielhälften (1 und 2) bestimmen (z. B. jeweils eine Hallenhälfte). In jeder Spielhälfte stellt sich eine Mannschaft auf. Die dritte Mannschaft steht am Rand von Spielhälfte 1 und ist die Fängermannschaft.

Ablauf

Auf Startsignal oder bei Musikbeginn läuft der erste Fänger aus Mannschaft 3 los und versucht ein Kind auf Spielfeld 1 zu fangen. Gelingt ihm das, wechselt der Fänger sofort in Spielfeld 2 und versucht dort ebenfalls ein Kind der anderen Mannschaft zu fangen. Gleichzeitig startet der zweite Fänger aus Mannschaft 3 und versucht wiederum in Spielfeld 1 ein Kind zu fangen. Ein Punkt ist erzielt, wenn ein Fänger in beiden Spielfeldern jeweils ein Kind gefangen hat und zu seiner Mannschaft am Rand zurückkommt.
Den Durchgang eine bestimmte Zeit (z. B. 60 Sekunden) laufen lassen. Sobald die Musik stoppt, ist der Durchgang beendet. Danach wechselt Mannschaft 1 in das Spielfeld 2, Mannschaft 2 wird zum Fängerteam und Mannschaft 3 geht auf Spielfeld 1.

Variationen

- Die Kinder der Fängermannschaft halten jeweils einen Handball in der Hand und versuchen mit diesem ein Kind zu fangen (zu berühren).
- Wer gefangen wurde, stellt sich außerhalb der Spielfelder auf. Welche Mannschaft schafft es, am schnellsten alle gegnerischen Kinder zu fangen?

Feuer – Wasser – Sturm

Material

Sprossenwände, kleine Turnmatten, große und kleine Kästen, Langbänke, Kastenzwischenteile, ein Handball für jedes Kind, Musik

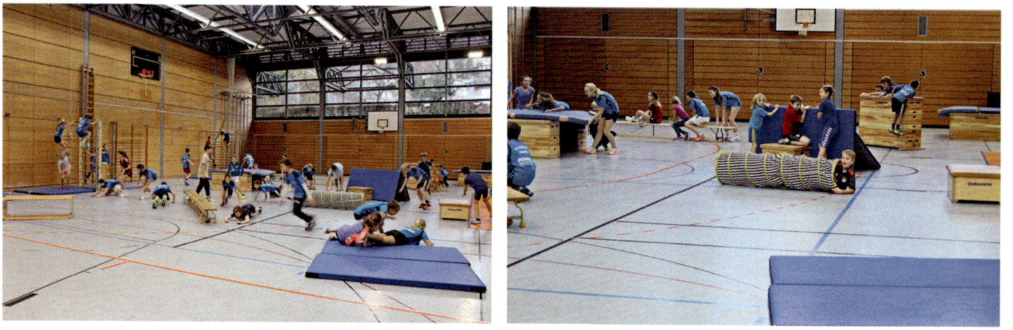

Abb. 22: Spielform Feuer – Wasser – Sturm

Organisation

Der Aufbau dieses Spiels kann nach Ausstattung der Sporthalle variiert werden (siehe Abb. 22). Es werden kleine Matten zu Höhlen aufgestellt, große und kleine Kästen in der Sporthalle verteilt, sowie die Sprossenwände, welche mit kleinen Turnmatten gesichert werden, genutzt.

Ablauf

Die Kinder prellen mit ihrem Ball durch die Sporthalle und um die aufgebauten Geräte/Gegenstände herum. Es wird Musik eingespielt. Stoppt die Musik, gibt die Lehrkraft folgende Anweisungen:
Feuer: Alle Kinder legen sich so schnell wie möglich auf den Boden und halten dabei ihren Ball fest.
Wasser: Alle Kinder klettern so schnell wie möglich auf die Gegenstände der Halle.
Sturm: Alle Kinder suchen Schutz in der Nähe von Sprossenwänden, in Mattentunneln o. Ä.

Variationen

- Nur auf einem Bein hüpfen und dabei den Ball prellen.
- Weitere Kommandos werden mit den Kindern im Gespräch ausgemacht:
  Eisberg: Hände zusammen und ganz hoch in die Luft strecken, still stehen bleiben.
  Kaffeekränzchen: Immer drei Kinder setzen sich einander gegenüber in den Schneidersitz.

Kapitel 3

Ballhandling und altersspezifische Kräftigung

3.1 Allgemeines Ballhandling und Kräftigung mit Ball

Koordinative Übungen mit einem Handball

Altersgerechte Kräftigung mit dem Ball

3.2 Prellen

Ballhandling mit Prellen

Der Boden ist Lava

Prellen mit Handfassung

Kräftigungsprellen zu zweit

Vermittlungshinweise für Ballhandling und altersspezifische Kräftigung

Der Handball ist Hauptgegenstand in allen Angriffs- sowie Abwehraktionen und sollte daher im Schulsport oder Vereinstraining möglichst häufig einbezogen werden. Das sogenannte *Ballhandling*, also das Umgehen mit dem Ball in all seinen Facetten (Technik, Ballgefühl etc.), ist somit unmittelbarer Bestandteil von vielen Übungs- und Spielformen.

Durch den Einsatz von Bällen bei Übungen und in Spielformen, können die Kinder grundlegende (sport-)motorische Fähigkeiten und Fertigkeiten (spielerisch) lernen und verbessern, u. a. den dosierten Krafteinsatz beim Passen und Werfen. Gerade im Grundschulalter erzielen Kinder große Lernfortschritte im Bereich der Koordination, daher ist ein häufiger und vielfältiger Balleinsatz im Sportunterricht und Vereinstraining zu empfehlen. Zudem ist es für Kinder meist sehr motivierend, Übungen und Spielformen mit Bällen durchzuführen.

Beim Ballhandling ist zu beachten, dass Bälle in den verschiedensten Größen eingesetzt werden können. Idealerweise hat man für Kinder kleinere (Hand-)Bälle zur Verfügung, so dass diese gut gegriffen werden können. Alternativ können auch weiche bzw. leicht zu greifende Softbälle verwendet werden.

Wenn Bälle oder Material fehlen, ist oftmals die Kreativität der Lehrkraft gefragt. Der Einsatz von *handballfremden* Bällen, wie Tennis-,

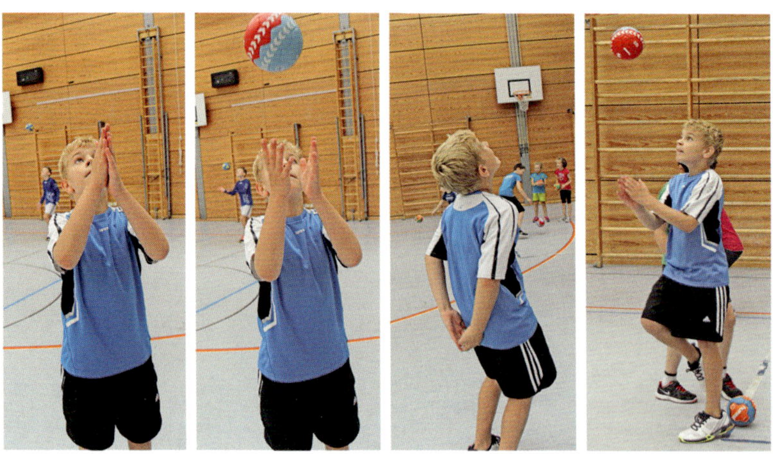

Abb. 23: Hochwerfen des Balles mit Klatschen

Volley-, Basket- oder auch Badmintonbällen führen nicht nur zu kreativen, abwechslungsreichen Übungen, sondern die Kinder erfahren dadurch auch ein vielseitiges Ballhandling. Da dieses Buch auf den Handballsport abzielt, sind die folgenden Übungen mit Handbällen beschrieben. Dabei kann man aber auch jederzeit Soft- oder Goalcha-Bälle verwenden, die von Kindern besonders gut gegriffen werden können.

Des Weiteren umfasst dieses Kapitel eine Reihe von Kräftigungsübungen, die ohne großen organisatorischen Aufwand und lediglich mit Bällen durchführbar sind. Im Sinne eines einheitlichen Vorgehens, wäre es sicherlich wünschenswert, auch Übungen zur handballspezifischen Ausdauer, zu Schnelligkeit oder Koordination auszuführen. Aus Platzgründen und weil sich der Wissensstand zum Krafttraining mit Kindern, und damit auch dessen Akzeptanz, in den letzten Jahren in Wissenschaft und Praxis stark gewandelt hat, wird im Folgenden lediglich auf die Kraft eingegangen. So besteht heute weitgehend Einigkeit darüber, dass bereits im Grundschulalter ein dosiertes Krafttraining mit dem eigenen Körpergewicht möglich und sinnvoll ist. Idealerweise führt man solch ein Krafttraining spielerisch und ggf. mit Ball durch (im Sinne des *Ballhandling*).

Vermittlungshinweise für das Prellen

Der Prellvorgang stellt für manche Kinder eine erhöhte koordinative Herausforderung dar, weshalb bei der Vermittlung folgende Hinweise hilfreich sein können:

Der Ball ist dein Freund: Die Kinder führen den Ball mit der Hand, d. h. sie hauen nicht auf ihn drauf, sondern achten auf ein möglichst lockeres (bewegliches) Handgelenk sowie eine angemessene Kraftdosierung. Sie saugen den Ball mit der Hand beim Prellen an.

Der Ball wird neben dem Körper geprellt: Kinder sollen den Ball nicht direkt vor sich, sondern seitlich vorne neben dem Körper prellen. Dadurch reduziert sich das Risiko, den Ball auf die eigenen Füße zu prellen und ihn zu verlieren. Gleichzeitig entsteht so eine bessere Kopplung mit dem Gehen bzw. Laufen.

Der Oberkörper und der Blick ist möglichst aufrecht bzw. nach vorne gerichtet: Vor allem Anfänger neigen dazu, während des Prellvorgangs den Oberkörper nach vorne zu beugen und den Blick auf den Ball zu richten. Beim Prellen sollte der Oberkörper aber möglichst aufrecht sein, so dass die Kinder den Blick nach vorne richten können. Dadurch haben sie einen besseren Überblick und können bspw. einen besser positionierten Mitspieler anspielen. Um dieses periphere Sehen zu üben, kann die Lehrkraft Karten (mit Nummern, Bildern, Buchstaben etc.) in die Luft halten oder eine verschiedene Anzahl an Fingern zeigen. Die Kinder werden dadurch gezwungen auf die Lehrkraft zu achten und ihr Blick wird vom Ball abgelenkt.

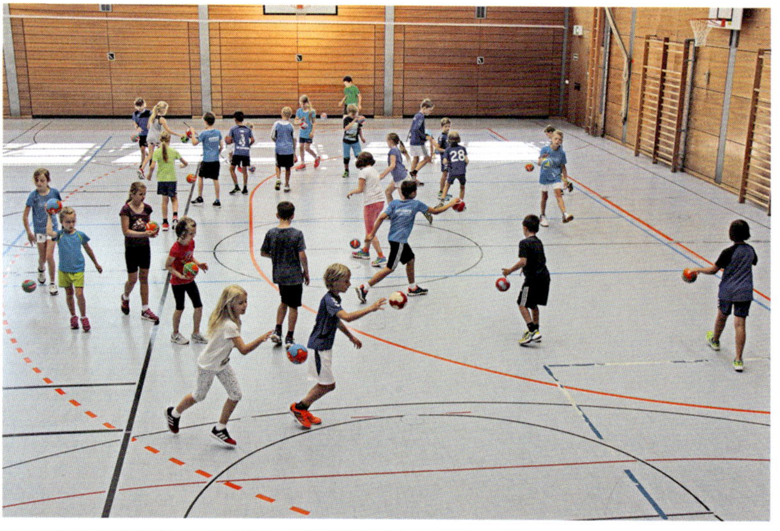

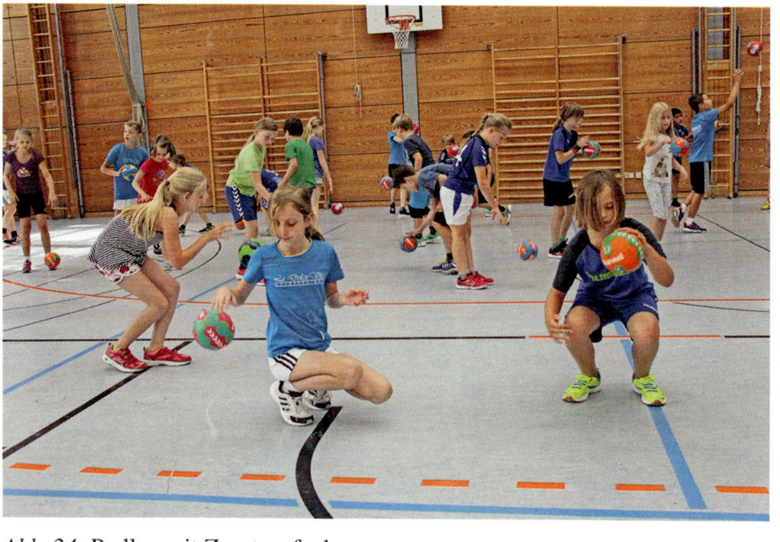

Abb. 24: Prellen mit Zusatzaufgaben

3.1 Allgemeines Ballhandling und Kräftigung mit Ball

Koordinative Übungen mit einem Handball

Material

Jedes Kind hat einen Handball (alternativ: Softball)

Organisation

Die Kinder bewegen sich frei in der Sporthalle. Die koordinativen Übungen absolvieren alle Kinder einzeln. Dabei die gesamte Sporthalle zum Üben nutzen, so dass jedes Kind genügend Platz für die Ausführung hat.

Ablauf

Die Lehrkraft erklärt die Übungen und macht sie gegebenenfalls vor bzw. lässt sie demonstrieren. Nach der Demonstration achtet die Lehrkraft vor allem auf die richtige Durchführung und gibt den Kindern Tipps (einzeln, in Kleingruppen, vor der Gesamtgruppe).

Übung 1

Den Ball mit einer Hand durch die gegrätschten Beine spielen. Mit der anderen Hand sicher fangen und aktiv greifen. Danach Hand wechseln und erneut versuchen.

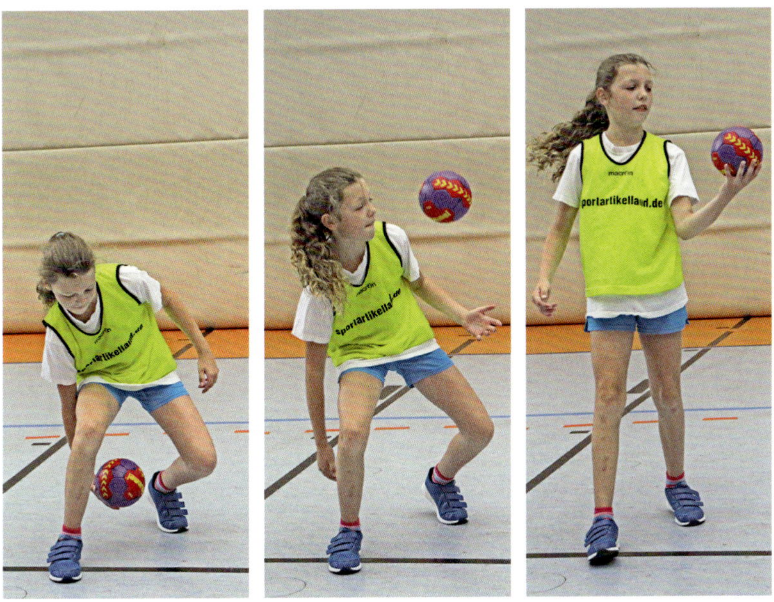

Abb. 25: Durchspielen des Balles durch die gegrätschten Beine

Übung 2

Den Ball mit beiden Händen durch die gegrätschten Beine hochwerfen. Der Ball wird mit beiden Händen gefangen und aktiv gegriffen. Möglichst keine Ortsveränderung.

Hilfestellungen

- Ball durch die gegrätschten Beine an eine Wand spielen und dann sicher fangen.
- Den Ball einhändig durch die gegrätschten Beine werfen. Zur Erleichterung ist ein Drehen mit Ortsveränderung der Beine oder des Oberkörpers erlaubt.

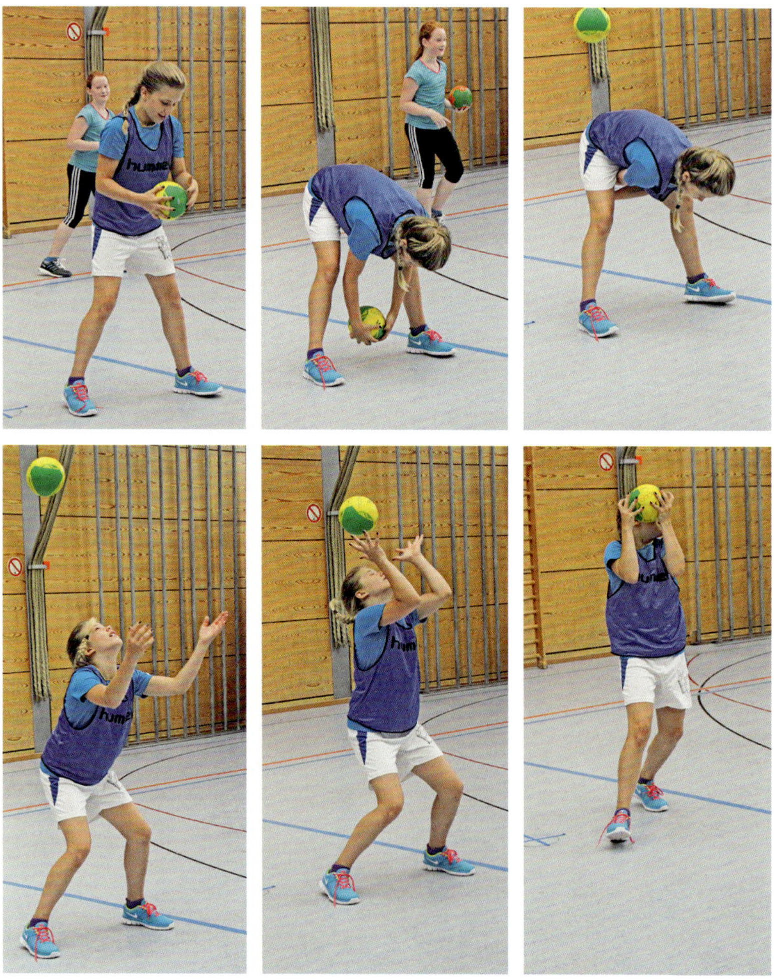

Abb. 26: Hochwerfen des Balles durch die gegrätschten Beine und Fangen des Balles

Übung 3

Den Ball in einer *Acht* durch und um die gegrätschten Beine führen. Dabei sollen die Kinder auf eine sichere Übergabe des Balles und auf ein aktives Greifen achten. Richtungswechsel einbauen. Bei der Ausführung ein Auge/beide Augen schließen.

Variationen

- Den Ball am Boden führen. Auf gebeugte Knie achten.

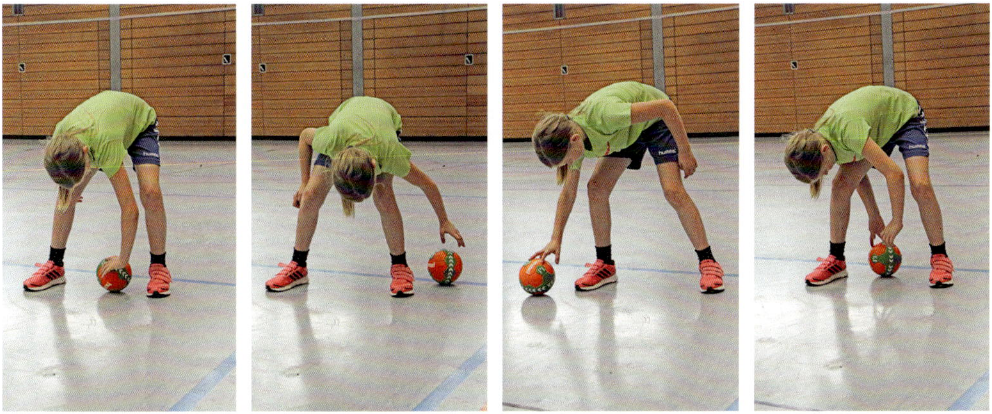

Abb. 27: Herumführen des Balles in einer Acht durch und um die Beine

Übung 4

Die Beine grätschen und den Ball zwischen den Beinen in der Luft halten. Eine Hand ist vor dem Körper, die andere Hand ist hinter dem Körper. Ball kurz hochwerfen, gleichzeitig versuchen mit den Händen die Position zu wechseln, so dass der Ball vor dem Aufsetzen wieder gefangen wird (umgreifen).

Variationen

- Wettkampf einbauen: Wer schafft als Erster 10 Wiederholungen?

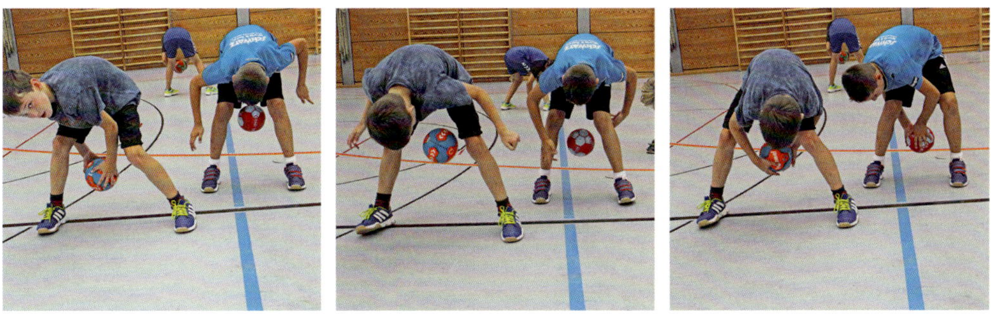

Abb. 28: Umgreifen des Balles

Übung 5

Den Kopf in den Nacken legen. Dabei den Ball auf die Stirn/den Nasenrücken legen und ihn balancieren. Fällt er herunter, versuchen die Kinder diesen durch kurzen Kontakt mit allen Körperteilen (Arme, Beine) in der Luft zu jonglieren.

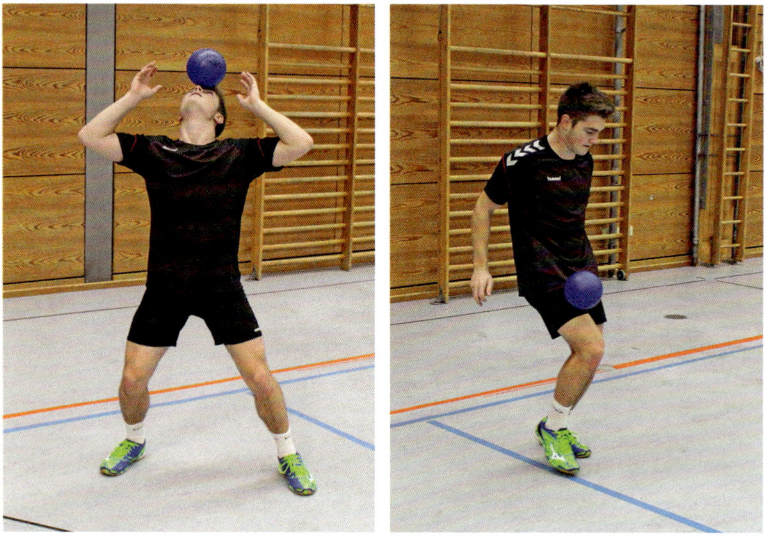

Abb. 29: Balancieren des Balles auf der Nase mit anschließendem Hochhalten

Altersgerechte Kräftigung mit dem Ball

Material

Jedes Kind bekommt einen Handball und – sofern vorhanden – eine kleine Turnmatte. Alternativ kann auch ein Softball genutzt werden. Langbänke und Sprossenwände werden für einzelne Übungen benötigt.

Organisation

Die Kinder verteilen sich gleichmäßig in der Sporthalle. Die Kräftigungsübungen absolvieren alle Kinder einzeln. Dabei die gesamte Sporthalle zum Üben nutzen, so dass jedes Kind genügend Platz für die Ausführung hat.

Ablauf

Die Lehrkraft erklärt die Übungen und macht sie gegebenenfalls vor bzw. lässt sie demonstrieren. Nach der Demonstration achtet die Lehrkraft vor allem auf die richtige Durchführung und gibt den Kindern Tipps (einzeln, in Kleingruppen, vor der Gesamtgruppe).

Übung 1

Fliegendes Ei

Die Kinder gehen in die Liegestützposition und halten dabei den Ball in einer Hand (Ball liegt in der Hand). Sie werfen den Ball hoch, wechseln die Stützhand und fangen den Ball mit der anderen Hand wieder auf, bevor dieser den Boden berührt. Dabei ist darauf zu achten, dass die korrekte Liegestützposition (Beine zusammen, gerader Rücken, Spannung im Rücken und Bauch) bei der Ausführung beibehalten wird.

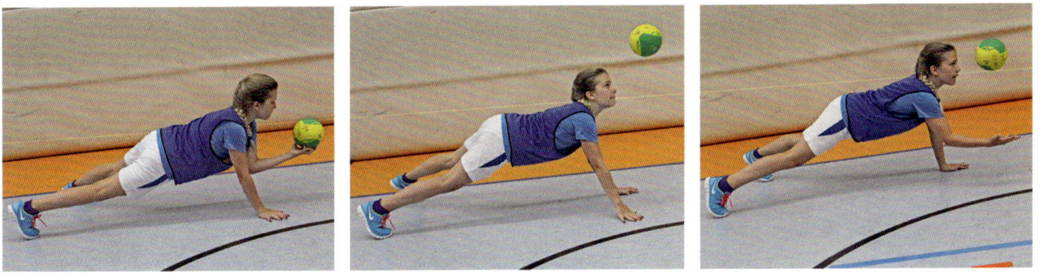

Abb. 30: Ausführung der Übung Fliegendes Ei

Übung 2

Stein-Umlagerung

Die Kinder gehen in die Liegestützposition. Der Ball liegt seitlich neben einer Hand (außen). Die Kinder heben die ballferne Hand vom Boden, greifen den Ball und legen ihn anschließend auf die andere Seite. Dann wird die Stützhand gewechselt und die Übung mit der anderen Hand weitergeführt.

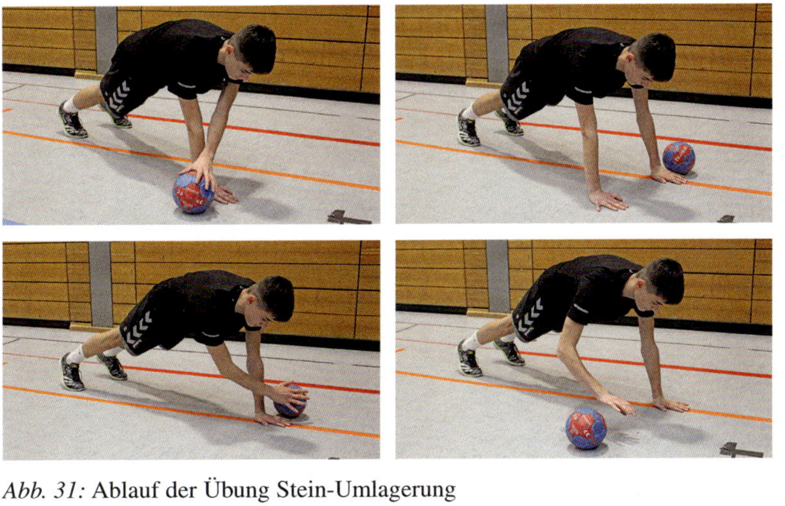

Abb. 31: Ablauf der Übung Stein-Umlagerung

Baumstamm-Position

Übung 3

Die Kinder gehen in die Unterarmstützposition und legen ihre Unterschenkel auf den Ball (oberhalb des Sprunggelenks). Sie machen sich *fest wie ein Baumstamm* und versuchen ca. 15 Sekunden diese Position zu halten. Dabei atmen die Kinder gleichmäßig weiter.

Variation

- Liegestützposition (anstatt Unterarmstützposition).
  Falls das Ablegen der Beine auf den Ball zu schwierig sein sollte, ist ein bloßes Halten der *Baumstamm-Position* (entweder Liegestütz- oder Unterarmposition) bereits eine ausreichende Übung für die allgemeine Kräftigung.

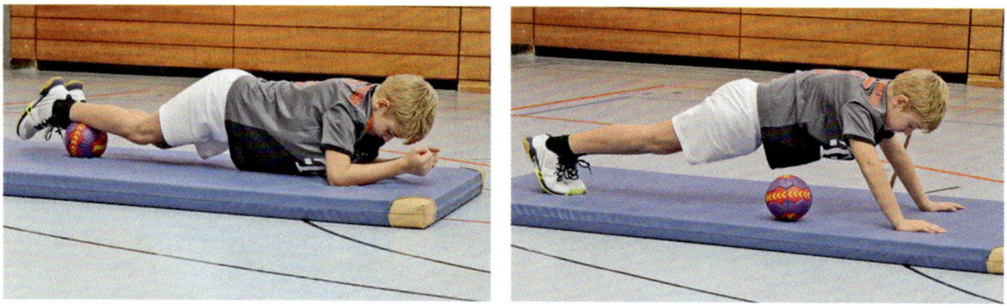

Abb. 32: Ablauf der Übung Baumstamm-Position

Baukran-Position

Übung 4

Die Kinder gehen in den Vierfüßlerstand auf eine kleine Matte. In einer Hand haben sie den Handball fest gegriffen. Nun strecken die Kinder diagonal ein Bein sowie einen Arm ab und versuchen in dieser Position von der Ferse bis zur Hand eine gerade Linie zu bilden. Diese Endposition wird lediglich nur ein paar Sekunden gehalten. Im Anschluss berühren sich durch Anziehen des Beines und Armes der Ellenbogen und das Knie. Anschließend streckt sich der *Baukran* wieder komplett aus.

Beide Seiten abwechselnd üben. Darauf achten, dass der Kopf möglichst in Verlängerung der Wirbelsäule liegt und somit wenig Belastung auf die Halswirbelsäule ausgeübt wird.

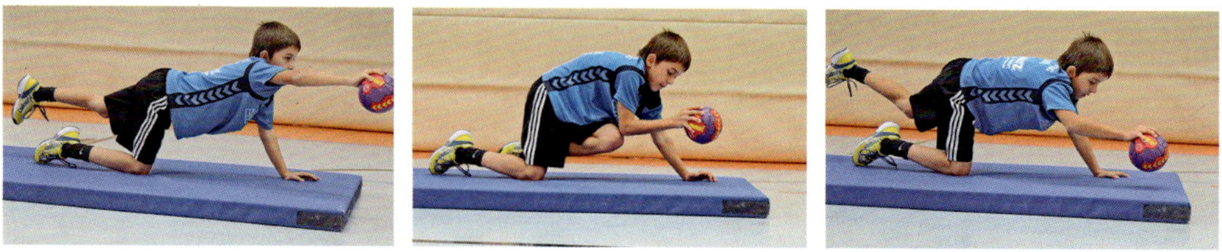

Abb. 33: Ablauf der Übung Baukran-Position

Übung 5

Sternenblick

Für diese Übung wird eine Langbank benötigt.

Die Kinder gehen in die seitliche Stützposition. Die Füße sind auf der Langbank und der Ball wird sicher mit einer Hand gehalten. Mit dem Ball in der Hand heben die Kinder den gestreckten Arm nach oben und schauen diesem hinterher. Sie „schauen sich die Sterne an“ und bringen einen *Stern* (= ihren Handball) dann wieder Richtung Boden, um ihn dann wieder nach oben zu transportieren.

Beide Seiten abwechseln. Die Beine bleiben während der gesamten Bewegungsausführung zusammen, Bauch und Rücken sind jeweils angespannt.

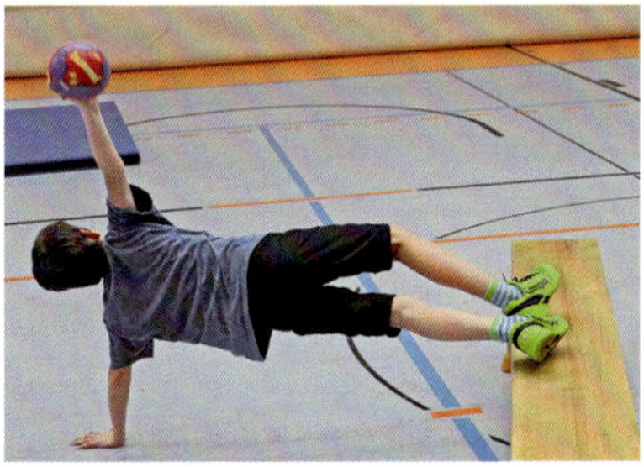

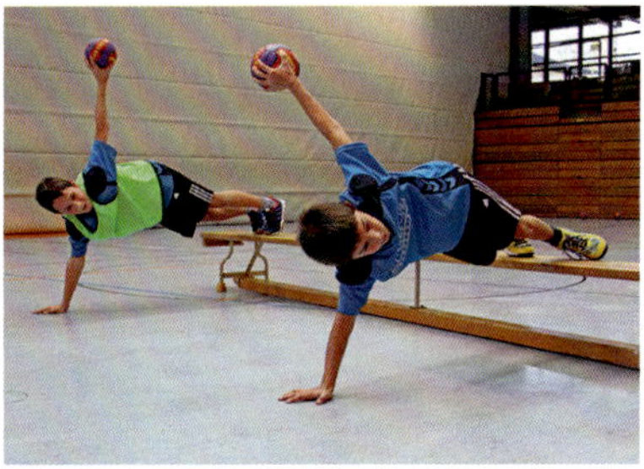

Abb. 34: Gestreckte Position der Übung Sternenblick

Übung 6

Haifisch-Rettung

Die Kinder hängen an beiden Armen mit dem Rücken an einer Sprossenwand. Zwischen den Sprunggelenken haben sie ihren Ball eingeklemmt.

Die Knie sind gebeugt und gehen nun in langsamem Tempo nach oben. Ziel ist es die Knie bis Hüfthöhe anzuziehen und den Ball dabei nicht fallen zu lassen.

Vorsicht: Athletik des Kindes beachten.

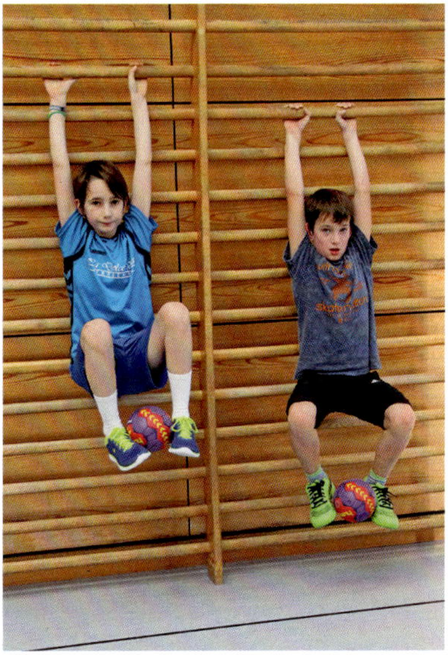

Abb. 35: Ablauf der Übung Haifisch-Rettung

3.2 Prellen

Ballhandling mit Prellen

Material

Einen Handball für jedes Kind, Musik

Organisation

Jedes Kind hat einen Handball. Die Kinder prellen auf Musik frei durch die Sporthalle (im Gehen oder im Laufen) und führen die Übungen aus, die von der Lehrkraft angesagt werden. Wenn die Musik stoppt (oder gestoppt wird), sagt die Lehrkraft eine neue Aufgabenstellung an.

Ablauf

Prellformen: Nur linke Hand; nur rechte Hand; beide Hände abwechselnd; mit beiden Händen gleichzeitig; im Wechsel: zweimal links und zweimal rechts.

Von der Ameise zum Bären: In der Hocke anfangen zu prellen, sich dann langsam aufrichten und so groß wie möglich auf den Zehenspitzen werden. Dabei immer weiter prellen.

Rückwärtsprellen.

Variationen

- Den Ball hochwerfen, kurz in beide Hände vorne klatschen und den Ball wieder fangen.
- Den Ball hochwerfen, kurz hinter dem Rücken klatschen und den Ball wieder fangen.
- Kombination aus vorne und hinten klatschen und den Ball wieder fangen. Mehrmals klatschen.
- Den Ball hochwerfen, mit beiden Händen den Boden berühren und den Ball wieder fangen.
- Den Ball hochwerfen, hinsetzen und wieder aufstehen. Ball vor dem Aufkommen fangen.
- Den Ball hochwerfen, hinsetzen im Langsitz (Beine sind lang) und wieder aufstehen. Ball vor dem Aufkommen fangen.
- *Prellfernes* Ballhandling: Ball auf den Boden legen, ganz eng am Fuß führen, nur mit den Fußsohlen den Ball führen, jeweils linkes und rechtes Bein abwechselnd.

Der Boden ist Lava

Material

Einen Handball für jedes Kind, ggf. Musik

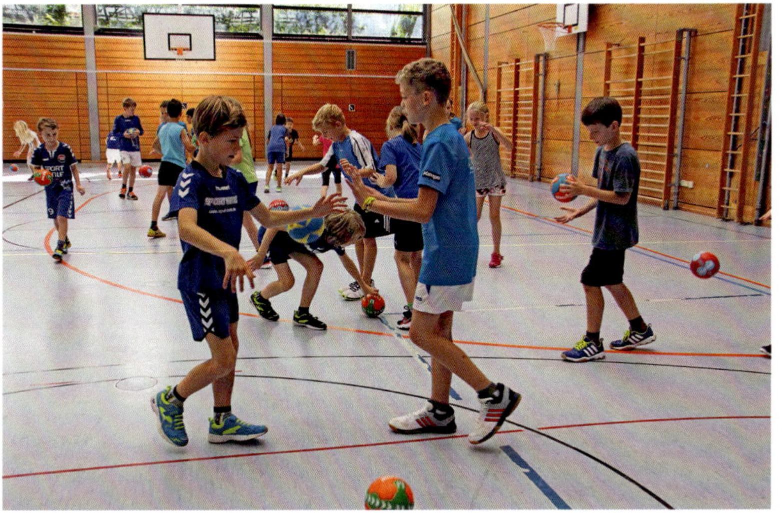

Abb. 36: Abklatschen bei der Begegnung mit einem anderen Kind

Organisation

Alle Kinder bewegen sich (auf Musik) prellend mit ihrem Handball in der Sporthalle (im Gehen oder im Laufen). Allerdings dürfen die Kinder nur auf den *Holzbrettern* (Hallenlinien) gehen bzw. laufen, denn die restliche Hallenfläche ist *Lava* und darf nicht betreten werden. Auf akustisches Signal oder wenn die Musik stoppt, halten die Kinder ihren Ball mit beiden Händen fest und warten auf weitere Anweisungen der Lehrkraft.

Ablauf

Die Kinder dürfen lediglich mit der linken oder rechten Hand prellen. Begegnen sich zwei Kinder, klatschen sie sich mit der freien Hand ab oder es erfolgt eine Ballübergabe. Bei Fortgeschrittenen erfolgt eine Ballübergabe mit Bodenpässen/indirekten Pässen etc.

Variationen

- Begegnen sich zwei Kinder, halten sie ihren Ball fest und spielen eine Runde *Fli-Fla-Flu* (Schere – Stein – Papier). Der Gewinner prellt auf den Linien weiter. Der Verlierer macht fünf Hampelmänner und prellt dann ebenfalls weiter.
- Die Linienanzahl oder Linienfarbe wird variiert: Die Kinder dürfen sich lediglich auf allen roten Linien prellend bewegen (oder auf Linien anderer Farben).

Prellen mit Handfassung

Material

Einen Handball für jedes Kind, ggf. Musik

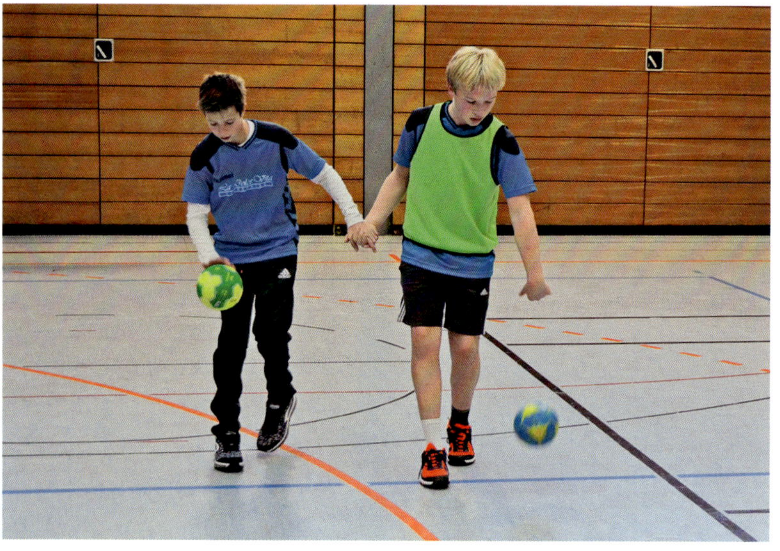

Abb. 37: Prellen mit dem Partner an der Hand

Organisation

Die Kinder gehen paarweise zusammen und halten sich an den Händen fest. Dabei hat jedes Kind einen Handball.

Ablauf

Auf akustisches Signal oder sobald die Musik einsetzt, prellen die Paare sich an den Händen haltend durch die Halle (im Gehen oder im Laufen). Nach Signal oder Stoppen der Musik, erläutert die Lehrkraft eine neue Aufgabenstellung zu einer anderen Prellform.
Die Kinder müssen dabei auf ihren Partner Rücksicht nehmen, v. a. hinsichtlich dessen Geschwindigkeit oder Richtungswechsel. Zudem müssen die Laufwege der anderen Paare beachtet werden.

Variationen

- Ein Kind aus der Zweiergruppe prellt vorwärts, das andere rückwärts.
- Die Kinder springen auf einem Bein.
- Begegnen sich zwei Paare, erfolgt eine Ballübergabe. Je nach Können, kann die Ballübergabe mit Pässen (direkt oder indirekt) erfolgen.
- Begegnen sich zwei Paare, tauschen sie ihren Partner und prellen anschließend mit dem jeweils neuen Partner weiter.

Kräftigungsprellen zu zweit

Material

Jedes Kind erhält einen Handball

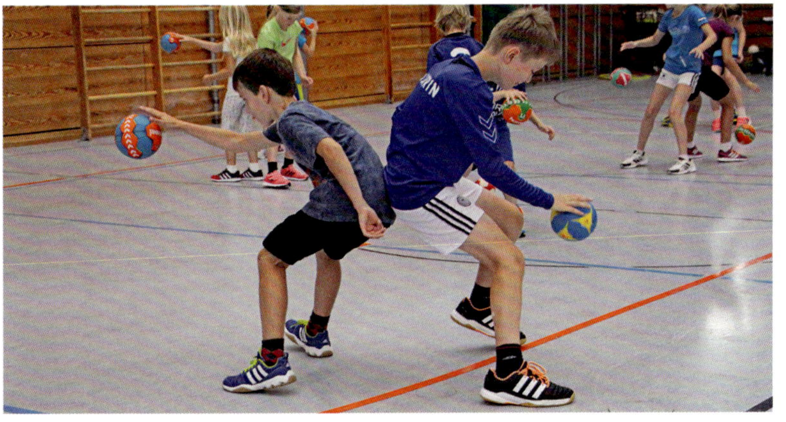

Abb. 38: Prellen – Rücken an Rücken

Organisation

Die Kinder gehen paarweise zusammen. Dabei ist darauf zu achten, dass die Kinder mit einem möglichst gleich großen Partner zusammengehen. Jedes Kind hat einen Handball. Nach jeder Übungsvariation erfolgt ein Partnerwechsel.

Ablauf

Die Kinder versuchen während der verschiedenen Übungen jeweils durchgehend zu prellen und ihren Ball dabei nicht zu verlieren.

Variationen

- Rücken an Rücken: Die Kinder stellen sich Rücken an Rücken auf und gehen dabei leicht in die Hocke. Nun versuchen sie durch verschiedenen Krafteinsatz den Prellvorgang ihres Partners so zu stören, dass dieser den Ball verliert. Der eigene Ball soll dabei durchgehend geprellt werden.
- Handfassung: Die Kinder halten jeweils mit einer Hand den Unterarm des Partners fest (der nicht prellenden Hand). Mit der anderen Hand prellen die Kinder und versuchen nun gegenseitig durch Ziehen des Partners am Unterarm, diesen aus dem *Prell-Gleichgewicht* zu bringen.
- Seite an Seite: Die Paare stellen sich seitlich nebeneinander auf, so dass sich die Schultern berühren. Nun versuchen die Kinder durch Schieben und Drücken ihren Partner aus dem *Prell-Gleichgewicht* zu bringen. Nach einer bestimmten Zeit wird die Seite gewechselt.

Kapitel 4

Kleine Spiele

4.1 Handballferne Spiele

Zombieball

Schuhhockey

Handbasketball

Zonenball

Ein-Kontakt-Ball

Reboundball

4.2 Handballnahe Spiele

Handball-Brennball

Stangentorball

Streifenball

Kopfballspiel

Königsball

Mattenablegeball

Hühnerstall

Kleine Spiele sollten bei der Vermittlung des Handballspiels in Schule und Verein eine wichtige Rolle einnehmen, da sie oftmals grundlegende Fähigkeiten und Fertigkeiten schulen und aufgrund ihres spielerischen Ansatzes zudem motivierend für Kinder sind. Charakteristisch für *Kleine Spiele* ist, dass deren Organisation meist schnell geht, die Spielregeln einfach sind und von den Kindern gleich verstanden werden. Zudem können viele Kinder, aufgrund der meist reduzierten motorischen (v. a. koordinativen) Anforderungen, schnell mitspielen.

Gerade im Handballbereich sind *Kleine Spiele* für die Vermittlung besonders geeignet, um die für Kinder oftmals komplex wirkenden Handballregeln spielerisch zu erlernen. Dabei können mit vielfältigen und kreativen Varianten die eigentlich zu Grunde liegenden Spielideen abwechslungsreich gestaltet werden.

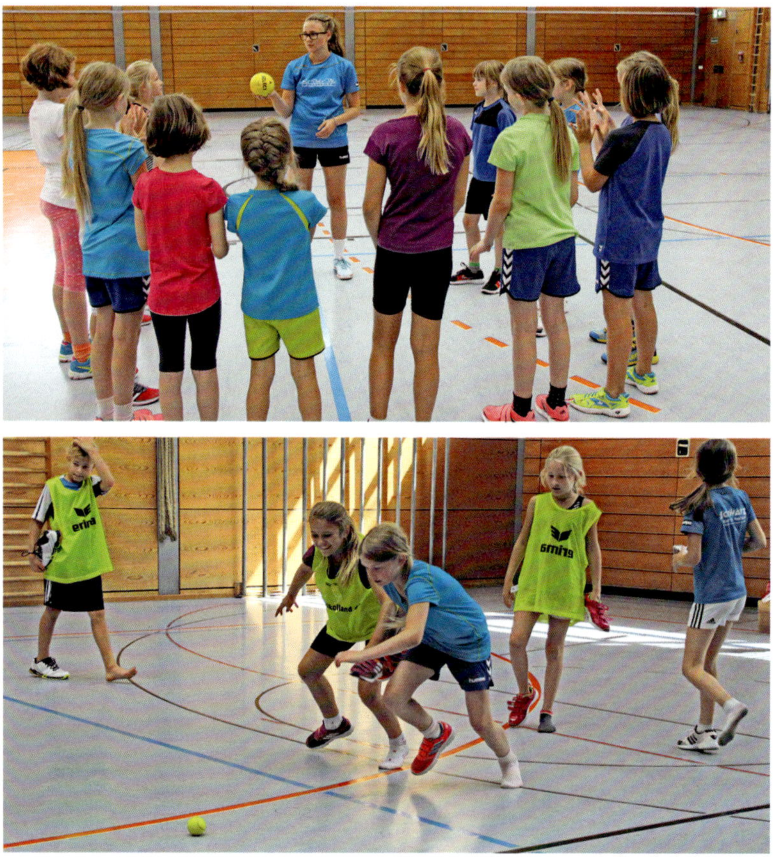

Abb. 39: Erklären der Regeln der Kleinen Spiele

4.1 Handballferne Spiele

Zombieball

Material

Ein oder mehrere Softbälle. Alternativ: Goalcha-Bälle, vier Hütchen

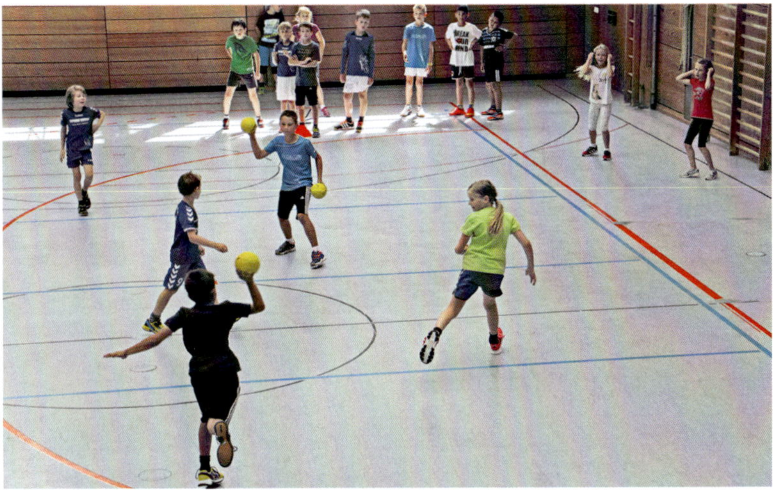

Abb. 40: Zombieball mit mehreren Bällen

Organisation

Mit Hilfe von vier Hütchen ein Feld (Größe ca. 15 m x 25 m) an einer Hallenseite markieren. Gespielt wird mit einem Softball oder mehreren Softbällen (weichen Bällen) gleichzeitig. Alle Kinder dürfen mit allen Bällen werfen, dabei aber immer nur einen Ball in der Hand halten und nicht mehrere Bälle horten bzw. halten.

Ablauf

Ziel des Spiels ist es, mit den Bällen möglichst viele Mitspieler abzuwerfen. Wer abgeworfen wurde, geht in das markierte Feld und wartet bis derjenige, der ihn abgeworfen hatte, ebenfalls abgeworfen wurde. Erst danach darf man wieder mitspielen. Bleibt ein Kind am Ende übrig, hat es gewonnen (alle Zombies wurden getroffen).

Variationen

- Die Bälle müssen vor dem Werfen erst scharf gemacht werden, d. h. man muss sie zunächst auf dem Boden auftippen.
- Mit dem Ball in der Hand kann man nicht abgeworfen werden.
- Man darf einen Ball nur drei Sekunden in der Hand halten.
- Mehrere Bälle sind gleichzeitig im Spiel.
- Mit einem in der Hand gehaltenen Ball darf ein geworfener Ball abgewehrt werden.

Schuhhockey

Material

Überziehleibchen, vier Langbänke, einen oder mehrere Tennisbälle

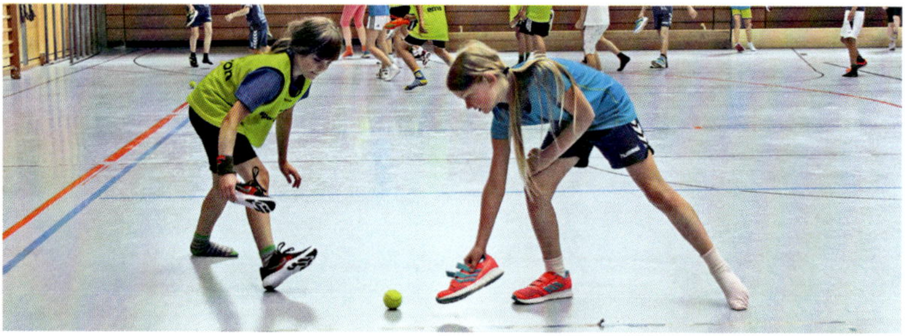

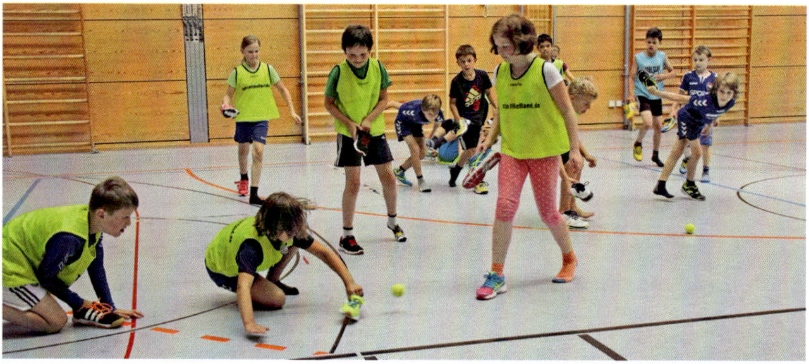

Abb. 41: Spielform Schuhhockey

Organisation

Zwei Mannschaften bilden. Jeweils zwei Langbänke mit der Oberfläche Richtung Spielfeld gekippt an die kurze Seite der Halle legen. Alle Kinder ziehen einen Schuh aus und nehmen diesen in die Hand.

Ablauf

Die beiden Mannschaften spielen gegeneinander. Ziel des Spiels ist es, den Tennisball mit dem ausgezogenen Schuh in der Hand gegen die gegnerischen Langbänke zu schießen und damit ein Tor zu erzielen. Gleichzeitig muss das eigene Langbank-Paar verteidigt werden. Dabei darf der Tennisball nicht mit den Füßen berührt oder getreten werden. Außerdem muss der ausgezogene Schuh immer fest in der Hand bleiben und darf nicht über Kniehöhe geführt werden.

Variationen

- Mehrere Tennisbälle ins Spiel hineinbringen – je nach Größe der Gruppe.
- Alle Kinder bewegen sich sitzend fort.
- Alle Kinder bewegen sich im Spinnengang fort.

Handbasketball

Material

Ein Handball für jedes Kind, Überziehleibchen, ein Softball, zwei Basketballkörbe

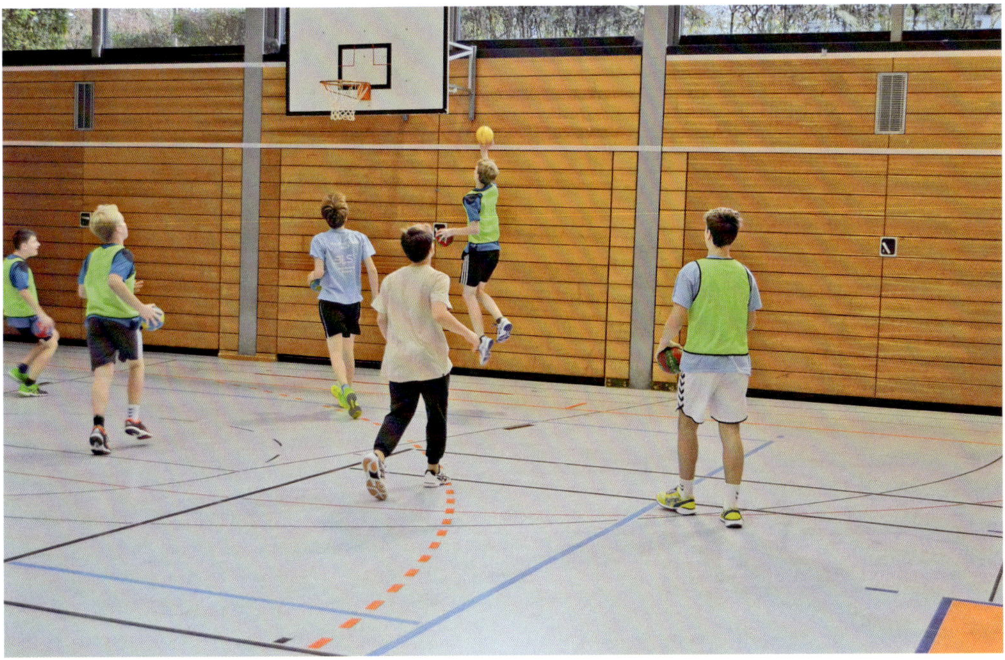

Abb. 42: Spielform Handbasketball

Organisation

Zwei Mannschaften bilden, eine zieht Überziehleibchen an.
Jede Mannschaft verteidigt einen Basketballkorb.

Ablauf

Ziel des Spiels ist es, den Softball in den gegnerischen Basketballkorb zu werfen. Dabei hält jedes Kind einen Handball in der Hand. Mit dem Softball darf man lediglich drei Schritte machen, dann muss der Ball gepasst oder auf den Korb geworfen werden.

Variationen

- Der Handball wird durchgehend geprellt.
- Für Fortgeschrittene: Ballhaltung in „starker“ Hand. Punkt wird mit „schwacher“ Hand erzielt.

Zonenball

Material

Überziehleibchen, weicher American-Football/Softball/Handball

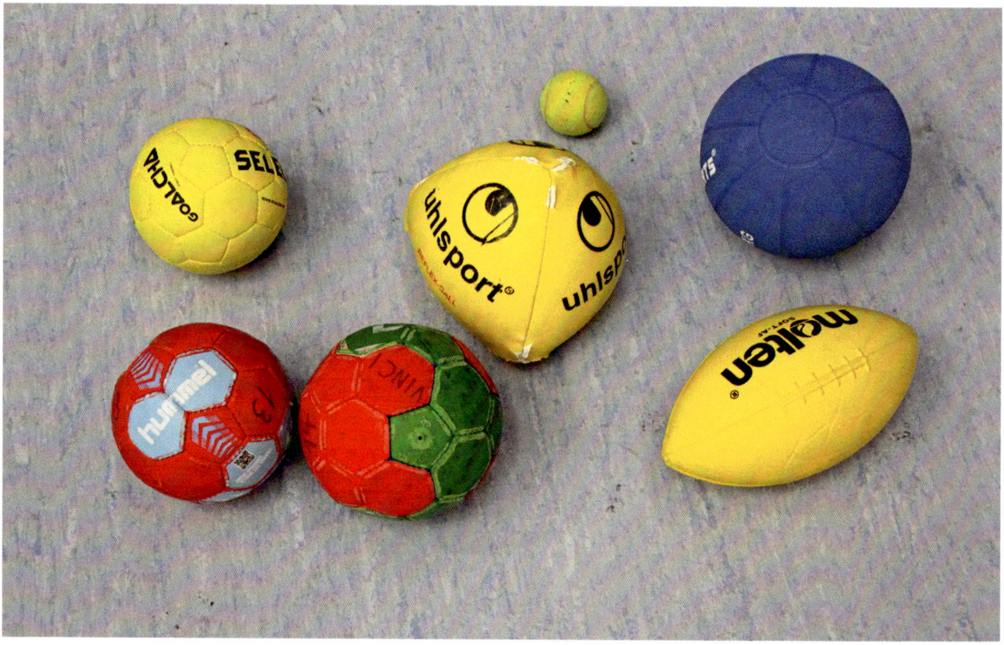

Abb. 43: Mögliche Bälle für das Spiel Zonenball

Organisation

Zwei Mannschaften bilden, die jeweils eine Grundlinie auf der Querseite der Hallenfläche verteidigen.

Ablauf

Ziel des Spiels ist es, den eingesetzten Ball hinter der jeweiligen gegnerischen Grundlinie abzulegen. Es sind nur Pässe zu einem Mitspieler erlaubt, der in Spielrichtung hinter dem Ballhalter bzw. auf gleicher Höhe positioniert ist. Wird der Ballhalter von der gegnerischen Mannschaft berührt, muss dieser stehen bleiben und den Ball zu einem Mitspieler passen. Grober Körperkontakt oder die Anwendung von rugbyähnlichen Spielregeln sind nicht erlaubt.
Nach Ablegen des Balles hinter der gegnerischen Grundlinie, muss die nun abwehrende Mannschaft bis zur eigenen Mittellinie zurück, damit ein Spielfluss zustande kommt.

Variationen

- Verschiedene Ballarten einsetzen.
- Nach vorne schießen des Balles mit dem Fuß ist erlaubt.

Ein-Kontakt-Ball

Material

Überziehleibchen, Pezziball, zwei Handballtore (alternativ: kleine Matten)

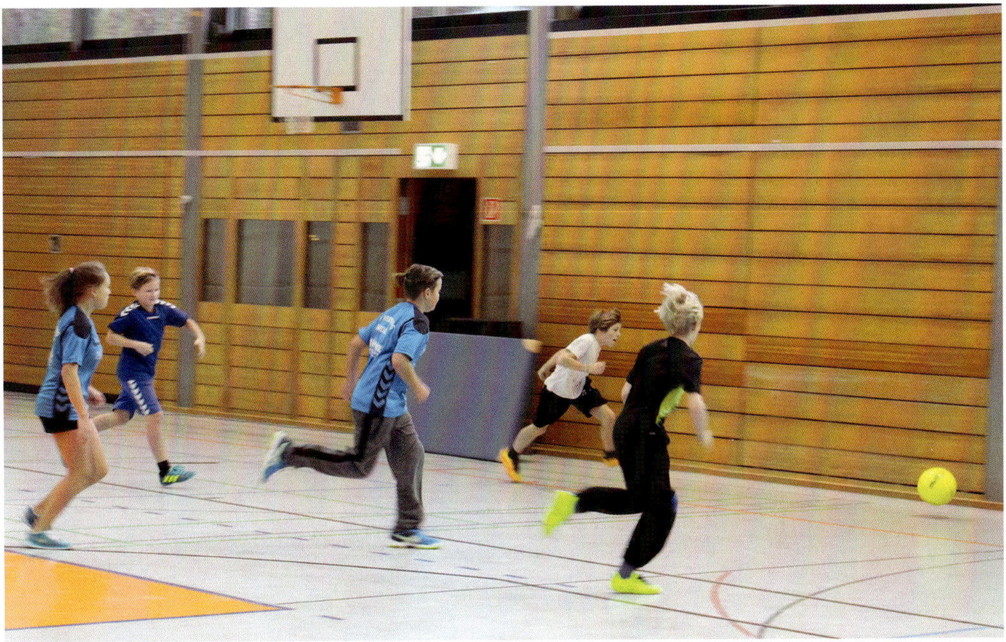

Abb. 44: Spielform Ein-Kontakt-Ball

Organisation

Zwei Mannschaften bilden, die ihr eigenes (Handball-)Tor verteidigen und auf das andere Tor angreifen. Alle Kinder dürfen sich frei in der Spielhälfte bewegen. Auch ein möglicher Wurfkreis darf betreten werden.

Ablauf

Ziel des Spiels ist es, den Pezziball ins gegnerische Tor zu befördern. Dabei darf man den Ball mit sämtlichen Körperteilen oberhalb der Hüfte spielen (u. a. Hand, Brust, Kopf). Der Ball darf aber nicht gefangen werden und ein Spieler darf den Ball nur einmal hintereinander berühren (Ein-Kontakt), bevor ein Mit- oder Gegenspieler ihn spielen muss.

Variationen

- Andere Ballart verwenden.
- Nach Ballkontakt Zusatzaufgabe einbauen: Mit Mitspieler abklatschen, auf den Bauch legen etc.

Reboundball

Material

Überziehleibchen, ein Handball, zwei Basketballkörbe

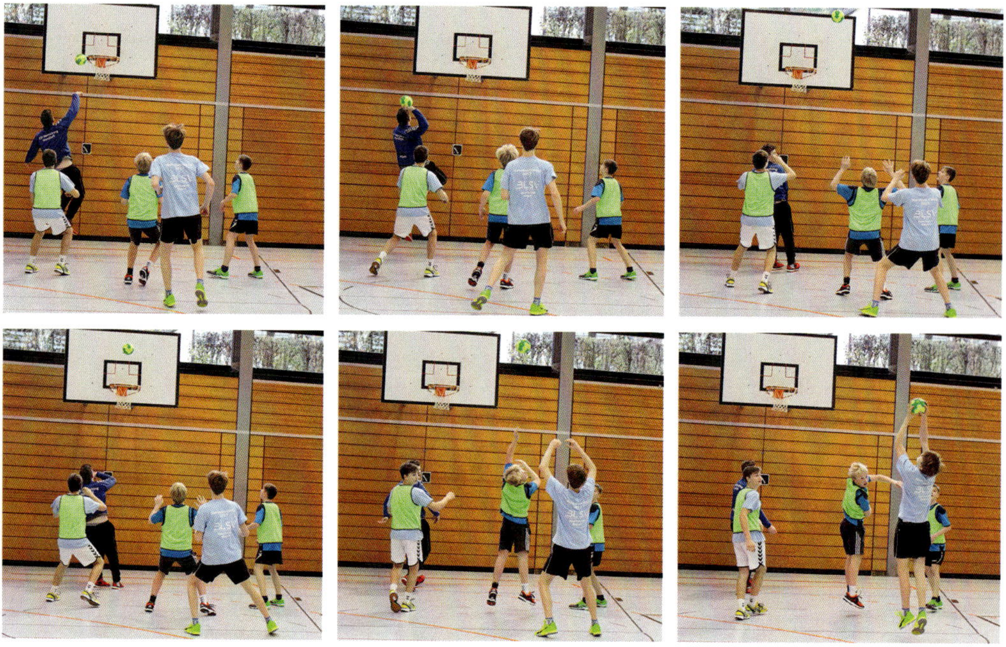

Abb. 45: Bilderreihe zum Punktgewinn bei der Spielform Reboundball

Organisation

Zwei Mannschaften bilden, eine dieser Mannschaften zieht Überziehleibchen an. Jede Mannschaft verteidigt einen Basketballkorb.

Ablauf

Ziel des Spiels ist es, das gegnerische Basketballbrett mit dem Handball zu treffen, wobei ein Mitspieler den Ball aus der Luft wieder auffangen muss (ohne Bodenkontakt). Es sind beliebig viele Schritte mit dem Ball erlaubt, der Ball darf allerdings höchstens drei Sekunden in der Hand gehalten werden. Prellen des Balles oder Körperkontakt zum Gegenspieler sind untersagt. Die verteidigende Mannschaft versucht durch Abwehrarbeit den Ball zu gewinnen (Fangen eines gegnerischen Passes etc.).

Variationen

- Schrittweise die Handballregeln einführen: Nur drei Schritte mit dem Ball sind möglich, Prellen ist erlaubt etc.
- Jedem Abwehrspieler wird ein bestimmter Abwehrspieler zugeordnet: Die Mannschaften agieren somit in Manndeckung.

4.2 Handballnahe Spiele

Handball-Brennball

Material

Ein Handballtor (alternativ: Weichbodenmatte), Torraumlinie (alternativ: Hütchenreihe), vier große Hütchen, kleine Turnmatte, ein Handball

Organisation

Zwei Mannschaften bilden: Eine Mannschaft ist die Läufermannschaft und stellt den Torwart. Die andere Mannschaft ist die Feldmannschaft. Steht eine Halle mit Handball-Wurfkreis und einem Handballtor zur Verfügung, startet die Läufermannschaft am Rand des Wurfkreises bei einem Hütchen. Die drei anderen Hütchen sind jeweils in einer Ecke des zur Verfügung stehenden Spielfeldes aufgestellt und bilden gemeinsam ein Viereck.

Ablauf

Der erste Läufer der Läufermannschaft wirft (wie beim Brennball) den Ball ins Spielfeld und läuft nach dem Wurf so schnell wie möglich um die vier Hütchen herum. Dabei versucht er ins Ziel zu kommen (kleine Turnmatte hinter dem 4. Hütchen).
Die Feldmannschaft fängt den geworfenen Ball und wirft ihn mit Pässen Richtung Wurfkreis. Ein Spieler der Feldmannschaft wirft im Anschluss auf das Tor. Ist dieser Wurf im Tor und der Läufer noch nicht wieder im Ziel, ist dieser *verbrannt*. Gelingt es dem Torwart den Wurf zu halten, wirft er ihn nochmals in das Spielfeld.
Nach einer festgelegten Anzahl an Würfen, werden die Aufgaben der beiden Mannschaften getauscht.
Ziel des Spiels ist es, dass möglichst viele Kinder der eigenen Mannschaft ins Ziel kommen.

Variationen

- Der Wechsel der beiden Mannschaften erfolgt nach einer bestimmten Zeit.
- Der Wechsel der beiden Mannschaften erfolgt nach einer *Verbrennung* eines Spielers.
- Ist ein Läufer im Ziel angekommen und wurde der Ball noch nicht ins Tor geworfen, darf sofort der nächste Läufer starten.
- Die Läufermannschaft darf zusätzlich Abwehrspieler im Feld positionieren.
- Wie beim klassischen Brennball: Kästen, Reifen oder kleine Matten als Wartestationen aufbauen.

Stangentorball

Material

Überziehleibchen, acht Stangen, ein Handball

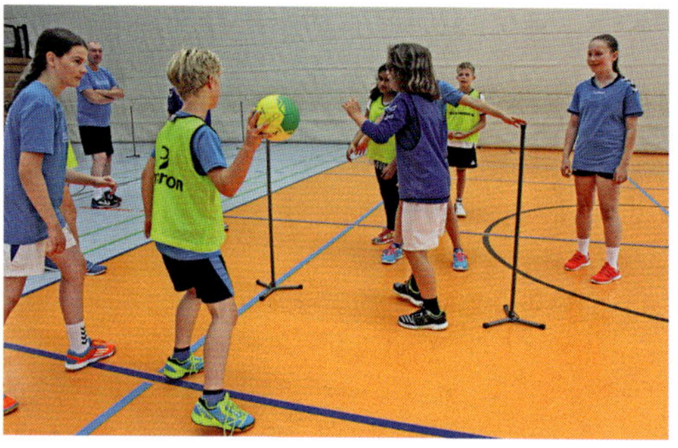

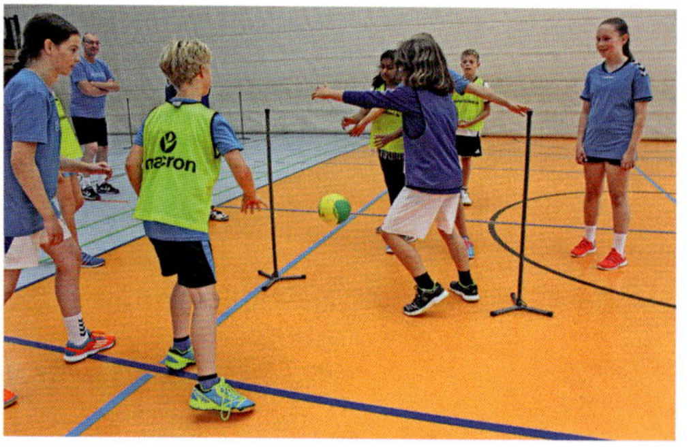

Abb. 46: Spielform Stangentorball

Organisation

Zwei Mannschaften bilden und eine Mannschaft mit Überziehleibchen kennzeichnen. In der Sporthalle insgesamt vier Stangentore aufbauen (Abstand zwischen den Stangen eines Tores: ca. zwei Meter).

Ablauf

Ziel des Spiels ist es, mit einem indirekten Pass durch ein Stangentor einen Mitspieler anzuspielen, der den Ball fängt. Gelingt solch ein Tor, legt der Mitspieler den Ball ab und die andere Mannschaft versucht nun ihrerseits ein Tor zu erzielen.

Variationen

- Je nach Größe der Gruppe und der verfügbaren Hallenfläche, können weitere Stangentore aufgebaut werden.
- Mehrere Bälle sind gleichzeitig im Spiel.
- Neben den Stangentoren werden auch die Wände der Sporthalle genutzt. Beide Mannschaften können nun auch per Aufsetzer gegen die Wand einen Mitspieler anspielen und damit ein Tor erzielen. Dabei muss der Ball aber direkt aus der Luft gefangen werden.
- Nach einem Torerfolg wechselt der Ballbesitz nicht, und die Mannschaft versucht auf ein nächstes Stangentor zu spielen und dort ein weiteres Tor zu erzielen.

Streifenball

Material

Überziehleibchen, Hütchen/Pylone, zwei kleine Kästen, ein Handball, ein Fußball

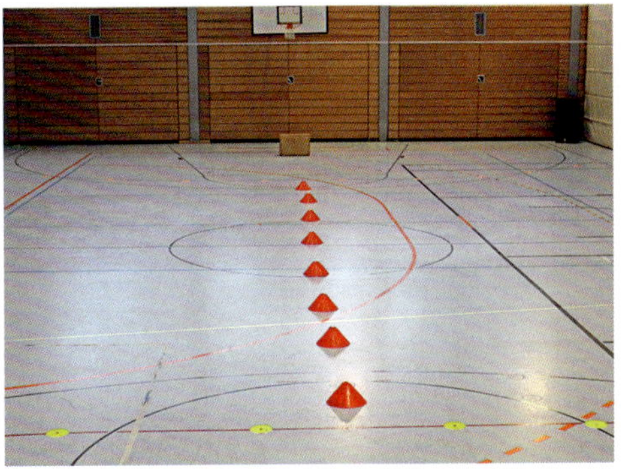

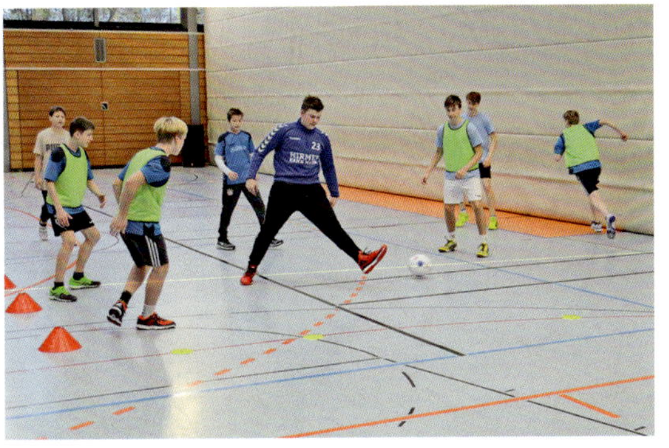

Abb. 47: Aufbau Spielform Streifenball mit Fußballspiel in Spielfeld 2

Organisation

Die Hallenfläche in der Mitte mit einer Hütchenlinie in zwei Spielfelder teilen. An den Querseiten jeweils einen kleinen Kasten (z. B. in den Wurfkreis) aufstellen, mit der Oberseite zum Spielfeld gekippt. Ist kein Wurfkreis in der Spielfläche vorhanden, wird mit Hütchen eine Zone im Abstand von ca. fünf bis sechs Metern vom kleinen Kasten gekennzeichnet.
Zwei Mannschaften bilden, eine davon mit Überziehleibchen kennzeichnen. Aus jeder Mannschaft stellt sich jeweils die Hälfte der Kinder in den beiden Spielfeldern auf.

Ablauf

Im ersten Spielfeld wird Fußball gespielt, im zweiten Spielfeld Handball. Nach einer vorgegebenen Zeit wechseln die Mannschaften die Sportart. Ziel des Spiels ist es, den Ball gegen die Oberseite des kleinen Kastens zu werfen bzw. zu schießen. Die Wurfkreise bzw. markierten Zonen, in dem der Kasten steht, dürfen nicht betreten werden, außer um die Bälle nach Wurf- oder Schussversuch zurück ins Spiel zu holen.

Variationen

- Alle Kinder prellen durchgehend einen Handball, auch während des Fußballspiels.
- Gelingt ein Punkt auf einem der kleinen Kästen, wird sofort auf den Kasten im jeweiligen Spielfeld weitergespielt. Die Zuordnung der Kästen zu den beiden Mannschaften ändert sich somit ständig.

Kopfballspiel

Material

Überziehleibchen, Softball, zwei Handballtore

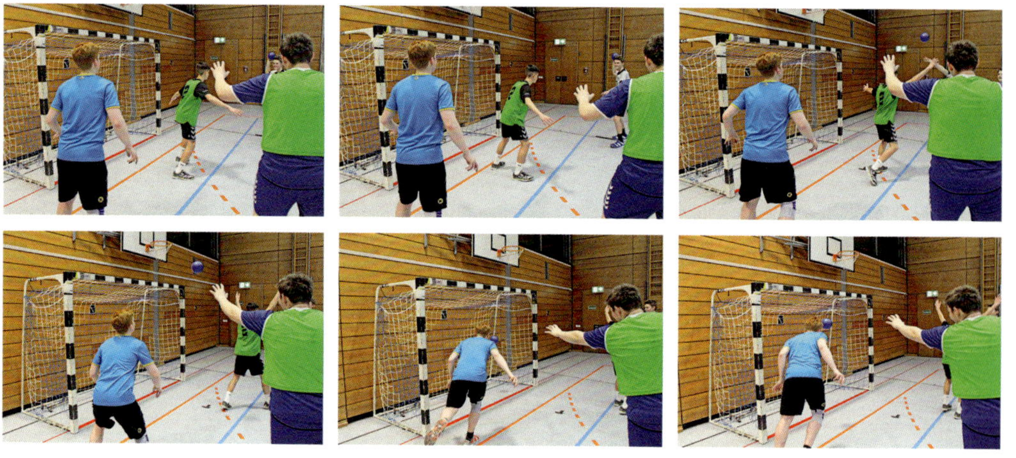

Abb. 48: Torerfolg beim Kopfballspiel

Organisation

Zwei Mannschaften bilden. Eine Mannschaft zieht die Überziehleibchen an. Zwei Handballtore an den Querseiten der Hallenfläche aufstellen (alternativ: zwei Weichbodenmatten).

Ablauf

Die beiden Mannschaften spielen gegeneinander und verteidigen jeweils ein Tor. Die gesamte Hallenfläche darf betreten werden. Das Ziel des Spiels ist es, den Softball ins gegnerische Tor zu köpfen. Dabei muss man den Mitspielern den Ball auflegen. Eigenvorlage zum Kopfball und Prellen sind nicht erlaubt. Mit dem Ball in der Hand dürfen beliebig viele Schritte gemacht werden. Der Ball darf aber nur drei Sekunden in der Hand gehalten werden. Die Abwehr agiert ballorientiert und versucht ohne Foulspiel den Ball zu gewinnen.

Variationen

- Mehrere und ggf. auch verschiedene Bälle ins Spiel integrieren.
- Die Handballregeln werden schrittweise eingeführt: Maximal drei Schritte mit dem Ball in der Hand, Abwehrregeln etc.

Königsball

Material

Überziehleibchen, zwei kleine Kästen, ein Handball

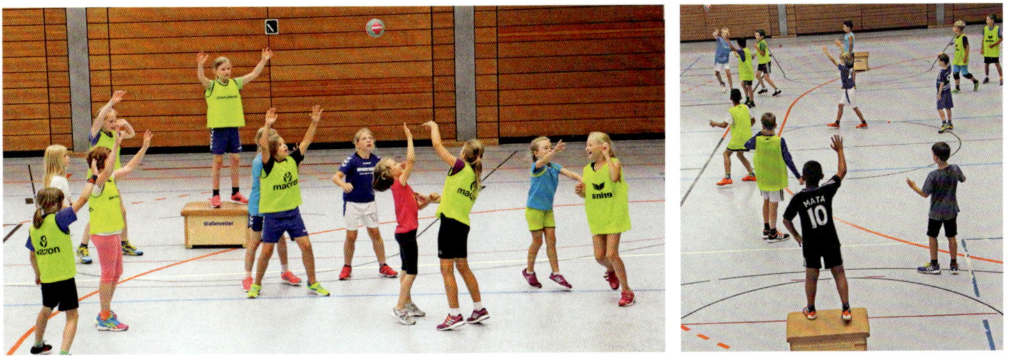

Abb. 49: Die Königin/der König wird angespielt

Organisation

Zwei Mannschaften bilden. Eine Mannschaft zieht die Überziehleibchen an. Jede Mannschaft verteidigt einen kleinen Kasten, der in einem Kreis steht (Bodenmarkierungen verwenden). Ist kein Kreis mit Hallenlinien vorhanden, wird mit Hütchen ein Kreis mit einem Radius von ca. zwei Metern um den Kasten gezogen. Der Kreis um den eigenen Kasten darf bloß von einem Kind der gegnerischen Mannschaft betreten werden, welches sich auf den Kasten stellen darf. Im Kreis darf sich das Kind lediglich fünf Sekunden aufhalten, danach muss es diesen wieder verlassen.

Ablauf

Ziel des Spiels ist es, einen auf dem gegnerischen Kasten positionierten Mitspieler mit einem Pass anzuspielen, so dass dieser den Ball fangen kann.
Die Kinder dürfen mit dem Handball beliebig oft prellen. Sie dürfen allerdings mit dem Ball in der Hand lediglich drei Schritte machen und der Ball darf auch nur maximal drei Sekunden gehalten werden.

Variationen

- Den Pass nur mit einer Hand fangen.
- Es dürfen nur indirekte Pässe zu dem auf dem Kasten stehenden Mitspieler gespielt werden.
- Der Spieler auf dem Kasten muss einem Mitspieler nach Fangen des Balles den Ball wieder zurückspielen. Erst dann ist der Punkt erzielt.
- Angrenzende Basketballkörbe nutzen: Nach Fangen des Passes auf dem Kasten muss der Ball in den Korb geworfen werden.

Mattenablegeball

Material

Überziehleibchen, ein Handball, kleine Turnmatten

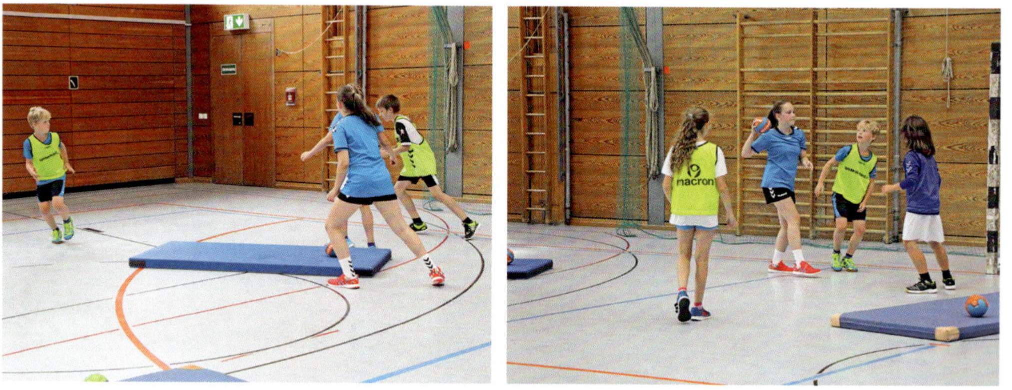

Abb. 50: Spielform Mattenablegeball

Organisation

Zwei Mannschaften bilden. Eine Mannschaft zieht die Überziehleibchen an. Es werden je nach Gruppengröße vier bis acht kleine Turnmatten in der Halle ausgelegt.

Ablauf

Die beiden Mannschaften spielen gegeneinander. Ziel des Spiels ist es, den Handball auf einer der Matten abzulegen. Dabei darf mit dem Ball zunächst nicht getippt oder geprellt werden. Die Matten dürfen außerdem ohne Ball nicht betreten werden. Zudem dürfen die Kinder mit dem Ball in der Hand maximal drei Schritte machen. Gelingt ein Ablegen auf einer der Matten, wechselt der Ballbesitz und die andere Mannschaft versucht nun, den Ball abzulegen.

Variationen

- Der Ball darf einmal aufgetippt werden.
- Beide Teams agieren in Manndeckung, das heißt jedem Spieler wird ein fester Gegenspieler zugeordnet.
- Auf alle Matten andere Bälle oder kleine Gegenstände legen (Tennisball, Softball, Frisbee-Scheibe o. Ä.). Das Betreten der Matte ist nun nicht mehr erlaubt. Nachdem ein Punkt erzielt wurde, spielt dieselbe Mannschaft mit dem auf der Matte befindlichen Ball bzw. Gegenstand weiter.
- Ein Punkt ist erzielt, wenn ein Mitspieler auf der Matte sitzt und dort den Ball fängt. Auf jeder Matte darf nur ein Spieler sitzen. Außerdem darf dieser Spieler höchstens drei Sekunden dort sitzen und muss dann die Matte wieder verlassen.

Hühnerstall

Material

Eine Weichbodenmatte, zehn bis zwölf Hütchen, zwei bis vier Softbälle

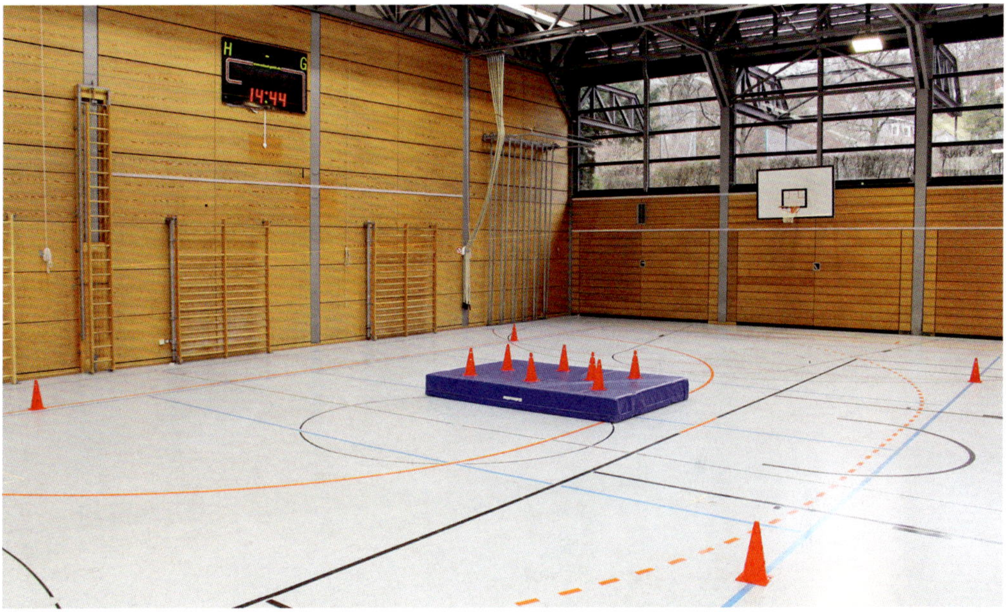

Abb. 51: Aufbau Spielform Hühnerstall

Organisation

Ein rechteckiges Feld mit vier Hütchen markieren und in die Mitte des Feldes eine Weichbodenmatte legen. Auf dieser Matte etwa sechs bis acht Hütchen aufstellen. Alternativ können auch Pappkartons etc. verwendet werden. Die Weichbodenmatte stellt den Hühnerstall dar. Dieser wird von zwei Verteidigern beschützt.

Ablauf

Die Angreifer bewegen sich um das markierte Feld und versuchen aus einer gewählten Entfernung – je nach Können der Kinder – die Hühner (Hütchen) umzuwerfen. Die Verteidiger versuchen die Hühner im Hühnerstall vor dem Abwurf zu beschützen.
Liegt ein Softball im markierten Feld darf dieser von den Angreifern geholt werden.
Wie viele Hühner werden in einer vorgegebenen Zeit getroffen?

Variationen

- Größe des markierten Feldes, Anzahl der Verteidiger etc. variieren.
- Anzahl der Softbälle variieren.

Passen und Fangen

5.1 Grundformen

Grundregeln des Passens

Grundregeln des Fangens

Wandpassen – Technikerwerb

5.2 Übungsformen

Passen in der Gassenaufstellung

Passen mit Bällen in der Bewegung

5.3 Spielformen

Lavaball

Passen nach Nummern

Kapitel

5

Um ein Handballspiel zu ermöglichen, sind die beiden elementaren Techniken Passen und Fangen von großer Bedeutung. Das zielgerichtete Passen und Fangen von Handbällen ist für Kinder insbesondere eine motorische Herausforderung. Denn der richtige (dosierte) Krafteinsatz beim Ballwurf oder das genaue Zielen des Balles, erfordern unterschiedliche motorische Fähigkeiten (koordinative und konditionelle). Aber auch das Fangen des Balles mit zwei Händen sowie das Kontrollieren, also das Abstoppen der Kraftwirkung des zugepassten Balles, stellt für die Kinder eine motorische Herausforderung im Bereich der Koordination und Kondition dar.

Hinzu kommt, dass gerade Kinder mit wenig Erfahrung in Sportspielen vor auf sie zufliegenden Handbällen häufig Angst haben. Hier bietet es sich an, andere Bälle zu verwenden, bspw. weiche Soft- oder Goalcha-Bälle. Diese sind zudem für das Fangen sehr hilfreich, da sie gut greifbar sind.

Diese beschriebenen motorischen und emotionalen Herausforderungen, mit Zeit- und Gegnerdruck kombiniert, zeigen die Bedeutung dieser grundlegenden Techniken auf. Schließlich sind das Passen und Fangen die Grundlage für alle weiteren Handballtechniken, wie Werfen, Finten und Zusammenspiel mit den Mitspielern.

Aus didaktischer Sicht sollte nach einer kurzen Erklärung der Grundform des Passens und Fangens, das Hauptaugenmerk auf das vielseitige und spielerische Erlernen bzw. Üben sowie auf das Anwenden dieser beiden Techniken im Spiel liegen.

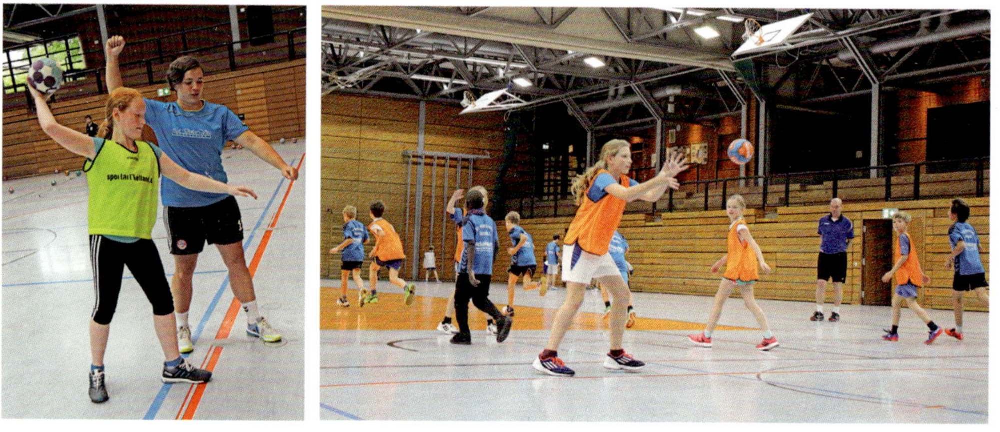

Abb. 52: Passen und Fangen

Im Handballbereich gibt es vier verschiedene Ballgrößen (0-1-2-3). Im Grundschulalter ist der Einsatz der Größen 0 und 1 empfehlenswert, wohingegen im Vereinsspielbetrieb (Wettkampf) die Ballgrößen fest vorgeschrieben sind. Kommt ein Kind mit der Größe seines Balles nicht zurecht, sollte die Lehrkraft kleinere Bälle (sofern vorhanden) verteilen, denn ohne ein korrektes Greifen des Balles ist ein Technikerwerb schwieriger.

5.1 Grundformen

Grundregeln des Passens

Die nachfolgend aufgeführten Grundregeln des Passens sollten beim Erlernen des Passens im Sportunterricht bzw. Vereinstraining gemeinsam mit den Kindern erarbeitet werden. Für den Lernprozess kann es dabei hilfreich sein, wenn die Kinder mit ihren eigenen Worten diese Regeln artikulieren und konkretisieren. Diese Grundregeln sollten jedoch nicht als starre Festlegung verstanden werden, sondern eher als grobe Orientierung dienen, die durchaus Variationen zulässt.

- Ich werfe mit der Hand, mit der ich in der Schule schreibe.
- Beim Passen nehme ich meinen Arm mit dem Ball in der Hand so hoch wie möglich über den Kopf. Mein Ellenbogen ist mindestens auf Schulterhöhe.
- Der Ball liegt in meiner kompletten Hand und wird sicher mit allen Fingern gegriffen.
- Die Fußspitze meines nach vorne gerichteten Beines (für Rechtshänder der linke Fuß) schaut dorthin, wohin ich den Ball spielen möchte.
- Das Knie des nach vorne gerichteten Beines ist bei der Ausholbewegung und beim Aufsetzen des Fußes gestreckt.
- Bei der Ausholbewegung geht die ballferne Schulter nach vorne und ich verdrehe meinen Oberkörper. Damit kann mein Pass die richtige Wurfkraft gewinnen.
- Das Handgelenk der Wurfhand klappt als letzter Ballkontakt bei der Ausholbewegung nach vorne ab und setzt die entscheidende Richtung des Passes.

Grundregeln des Fangens

- Jeder Ball sollte mit beiden Händen gefangen werden.
- Mit den Händen wird mit den Zeigefingern und Daumen beider Hände möglichst ein Dreieck gebildet, in das der Ball hineinpasst.
- Der Kraftstoß des ankommenden Balles wird durch das Beugen der Ellenbogen abgefedert. Die Arme werden somit als Stoßdämpfer eingesetzt.

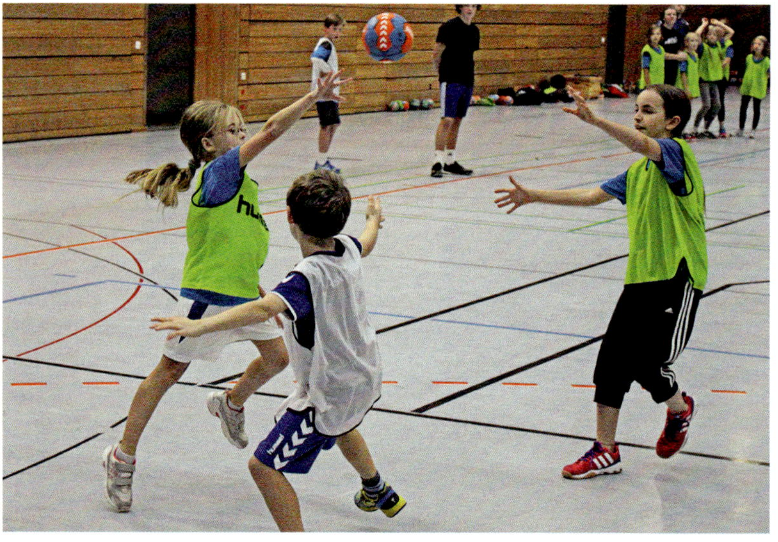

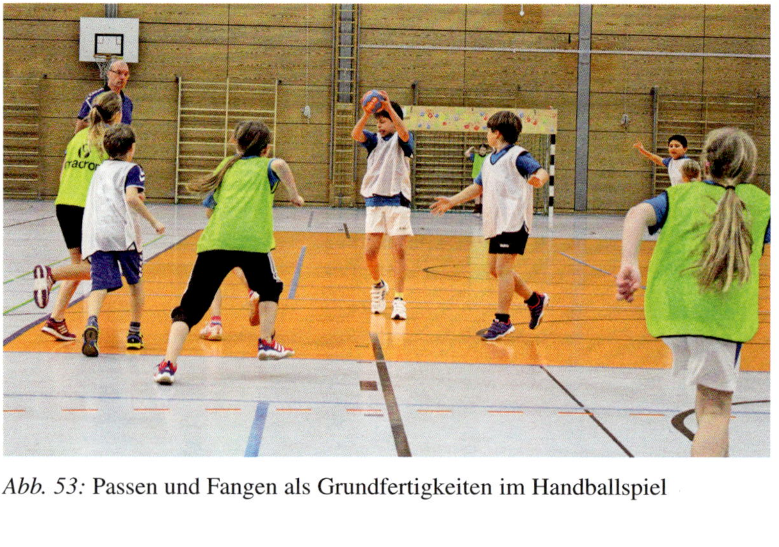

Abb. 53: Passen und Fangen als Grundfertigkeiten im Handballspiel

Wandpassen – Technikerwerb

Material

Ein Handball für jedes Kind, Ballwagen, Musik

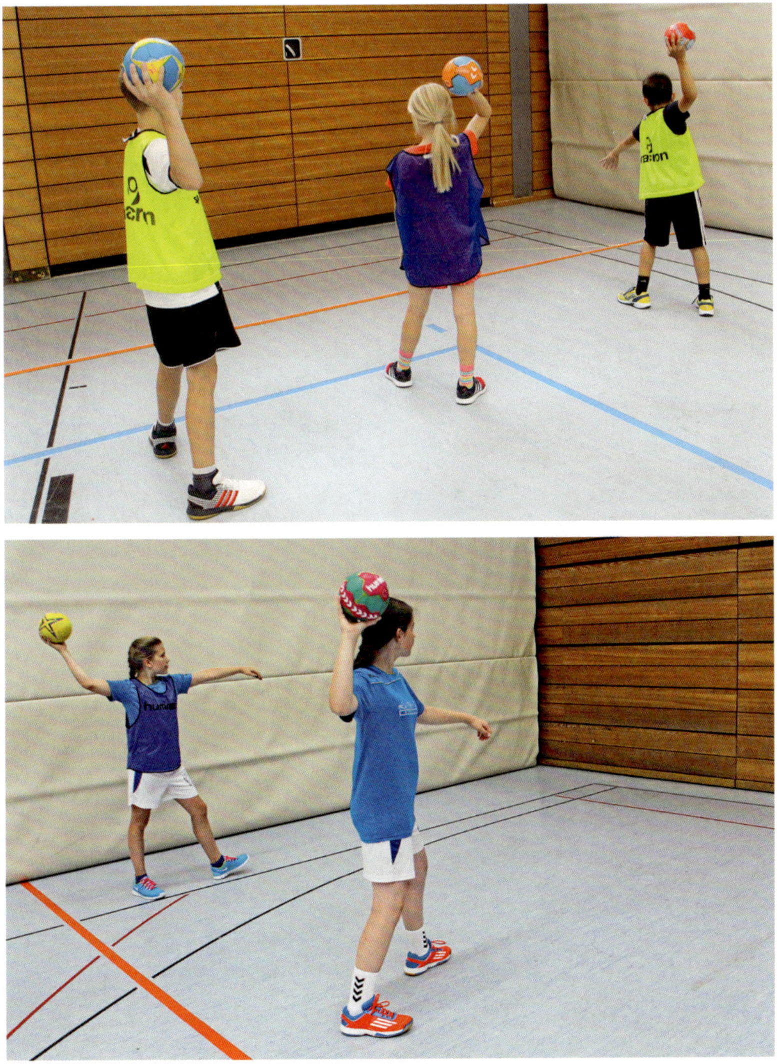

Abb. 54: Wandpassen zum Technikerwerb

Organisation

Die Kinder stellen sich im Abstand von zwei bis vier Metern von einer Hallenwand entfernt auf. Es wird Musik eingespielt. Ein Ballwagen mit weiteren Handbällen steht in der Mitte der Sporthalle.

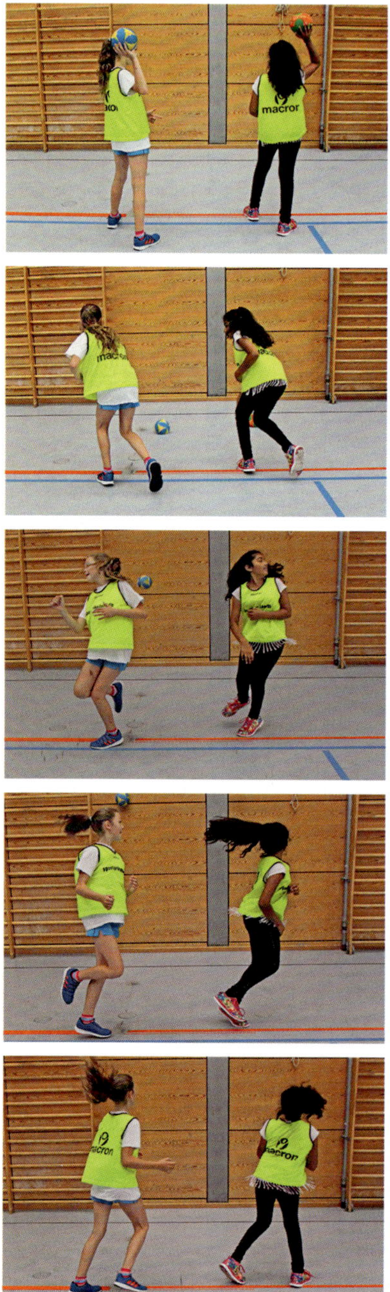

Abb. 55: Passen an die Wand mit Drehung und anschließendem Fangen

Ablauf

Die Kinder spielen indirekte Pässe an die Wand, d. h. der Ball wird als Aufsetzer an die Wand gepasst und direkt nach der Wandberührung aus der Luft gefangen. Dabei versuchen die Kinder auf den richtigen Technikeinsatz und die zuvor erarbeiteten Regeln zu achten. Der Ball wird immer mit beiden Händen gefangen. Die Kinder zählen die Anzahl der gelungenen Pässe.

Stoppt die Musik, prellen die Kinder zum Ballwagen und tauschen ihren Ball aus, um anschließend einen neuen Durchgang zu starten.

Variationen

- Den Abstand zur Wand vergrößern/verkleinern.
- Nach dem Passen des Balles in die Hände klatschen und den Ball wieder fangen.
- Direkte Pässe an die Wand passen.
- Andere Ballarten verwenden (Tennis- oder Softbälle).
- Mit Drehung gegen die Wand spielen (siehe Abb. 55).

5.2 Übungsformen

Passen in der Gassenaufstellung

Material

Handbälle, verschiedene andere Bälle, Musik

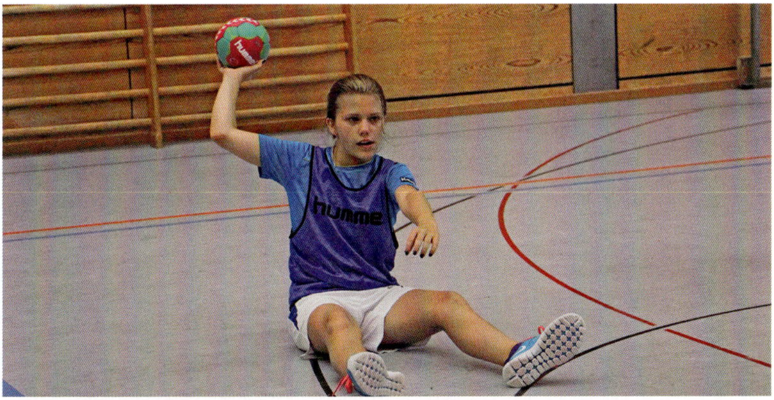

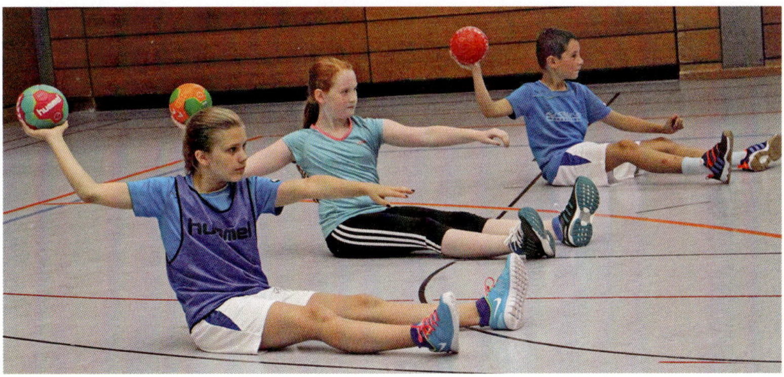

Abb. 56: Passen im Sitzen mit richtigem Technikeinsatz

Organisation

Die Kinder bilden Paare und stellen sich in Gassenaufstellung in drei bis vier Metern Abstand gegenüber auf.

Ablauf

Die Kinder spielen sich die Bälle nach Vorgabe der Lehrkraft zu (ggf. mit Musik). Dabei wird auf eine möglichst korrekte Ausführung der Technik geachtet. Nach Anweisung der Lehrkraft (oder Stoppen der Musik), suchen sich die Kinder einen neuen Partner und üben weiter. Diese Organisationsform ermöglicht ein intensives Üben des Passens, jedoch ist darauf zu achten, vielseitige Übungen einzusetzen um eine hohe Abwechslung zu garantieren.

Variationen

- Beim Passen auf einem Bein stehen.
- Im Sitzen passen.
- Andere Ballarten (Tennisbälle, Soft-/Goalcha-Bälle etc.) verwenden.
- Nach einem Pass Zusatzaufgaben einbauen: Hampelmann/Hocksprung ausführen, kurz in die Bauchlage gehen, eine Liegestütze machen etc.
- Als Wettkampf organisieren: Welches Paar schafft als erstes eine bestimmte Anzahl an Pässen?
- Die Kinder stehen jeweils in der Gassenaufstellung auf Langbänken und passen sich dabei die Bälle zu.
- Bei älteren Kindern kann diese Übung im Einbeinstand ausgeführt werden.
- Bei jüngeren Kindern sollten aus Sicherheitsgründen um die Langbänke kleine Turnmatten ausgelegt werden.

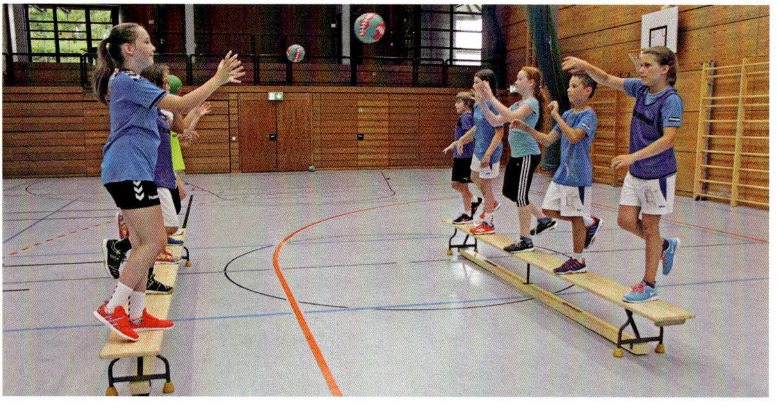

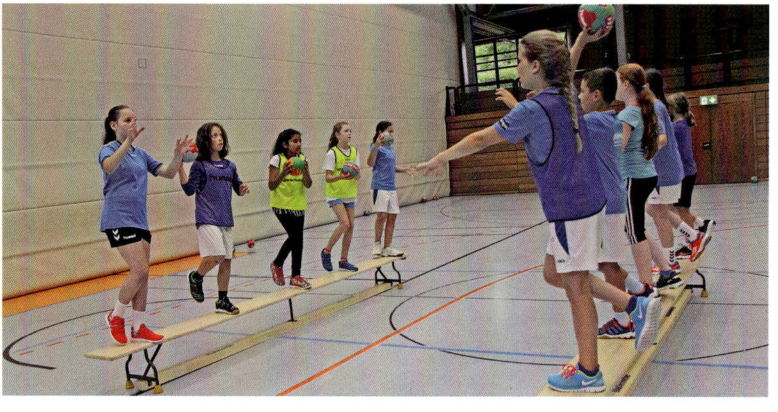

Abb. 57: Passen auf Langbänken. Zur Sicherheit kleine Turnmatten auslegen

Passen mit Bällen in der Bewegung

Material

Ein Handball für jedes Kind, Musik

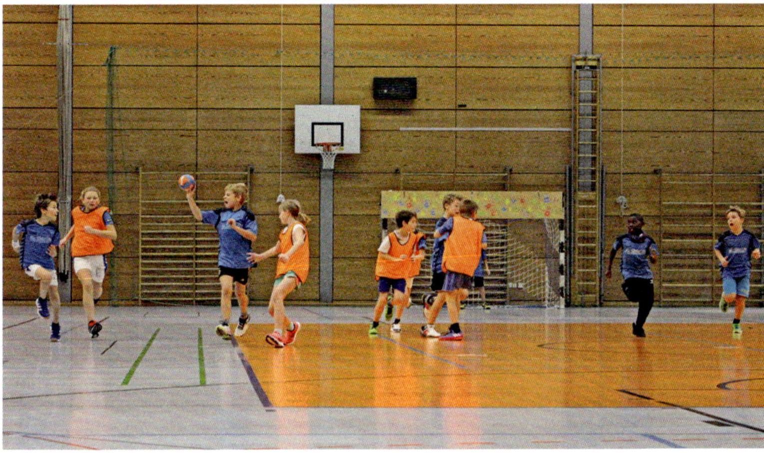

Abb. 58: Laufen – Erkennen – Passen – Fangen

Organisation

Die Kinder gehen paarweise zusammen und haben zu Beginn einen Handball. Es wird Musik eingespielt.

Ablauf

Die Kinder laufen vorwärts, rückwärts, seitlich etc. durch die Sporthalle und passen sich dabei den Handball zu. Dabei kann der Abstand zum Partner sowie das Lauftempo ständig verändert werden. Durch das Durcheinanderlaufen aller Kinder müssen sich die Paare ständig neu orientieren.
Stoppt die Musik, sucht sich jedes Kind schnell einen neuen Partner.

Variationen

- Jedes Kind hat einen Ball und beide Bälle werden gleichzeitig gepasst.
- Beide Bälle werden von einem Kind gleichzeitig zum Partner gepasst. Das Fangen erfolgt dabei mit nur einer Hand.
- Ein Kind wirft seinen Ball hoch in die Luft. Währenddessen erfolgt der Pass und Rückpass des anderen Balles. Bevor der in die Luft geworfene Ball den Boden berührt, sollte er wieder aufgefangen werden.
- Die Paare stellen sich mit Blickkontakt an einer Grundlinie auf und absolvieren die Übungen zu einer gegenüberliegenden Grundlinie. Dabei läuft der eine Partner vorwärts und der andere rückwärts (Wechsel beim Umkehrpunkt).

5.3 Spielformen

Lavaball

Material

Handbälle, Musik

Organisation

Die Kinder verteilen sich in der Sporthalle. Es wird Musik eingespielt.

Ablauf

Die Lehrkraft wirft einen Handball ein. Die Kinder passen sich den Ball beliebig zu, er darf aber nicht den Boden berühren. Da der Ball aus Lava besteht und somit sehr heiß ist, versuchen die Kinder den Ball schnell zu einem der nächsten Mitspieler zu passen. Die Lehrkraft zählt die gültigen Pässe (ohne Bodenkontakt).
Wenn die Musik stoppt, ist der *Lavaball* abgekühlt und wird festgehalten, bevor ein neuer Durchgang startet.

Variationen

- Die Lehrkraft bringt mehrere Handbälle ins Spiel.
- Die Spielfläche wird je nach Gruppengröße variiert.
- Es werden andere Bälle verwendet (Tennisbälle, Softbälle etc.).
- Gelingt es zehn Pässe zu spielen, ist der *Lavaball* abgekühlt und wird zur Lehrkraft gebracht. Wie viele *Lavabälle* kann die Gruppe in einer bestimmten Zeit abkühlen lassen?

Passen nach Nummern

Material

Fünf bis sieben Handbälle, Musik

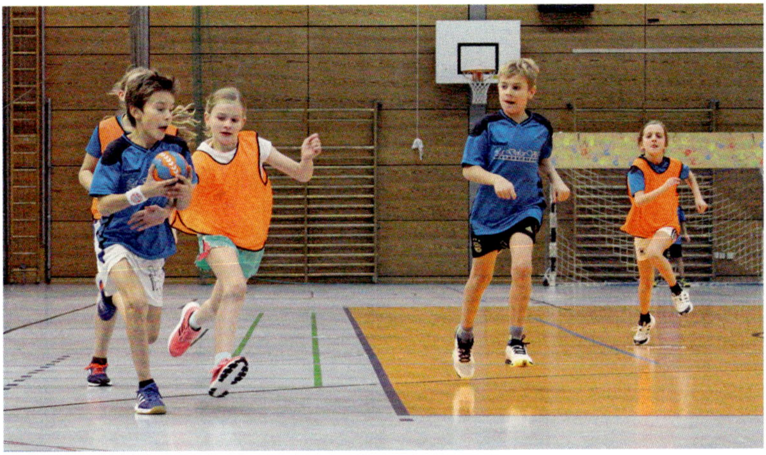

Abb. 59: Große Einsatzbereitschaft bei der Balljagd

Organisation

Die Kinder verteilen sich in der Sporthalle. Es werden jeweils Gruppen mit fünf Kindern und einem Handball gebildet. Jedem Kind einer Gruppe wird eine Zahl von 1 bis 5 zugeordnet.

Ablauf

Die Kinder laufen in der Halle und jede Gruppe passt sich den Ball nach der Zahlenreihenfolge zu (ggf. mit Musik). Dabei wechseln die Kinder stets die Entfernung und den Abstand zu den Mitspielern. Es werden nur indirekte Pässe gespielt.
Wenn die Musik stoppt, kann die Lehrkraft eine der nachfolgenden Varianten den Kindern mitteilen.

Variationen

- Die Reihenfolge der Pässe erfolgt rückwärts: Das Kind Nr. 1 spielt zum Kind Nr. 5, dieses dann zu Kind Nr. 4 usw.
- Es werden direkte Pässe gespielt.
- Welche Gruppe spielt in einer vorgegebenen Zeit die meisten Pässe?
- Die Kinder, die den Ball zum Mitspieler gepasst haben, gehen auf Balljagd und versuchen Bälle der anderen Gruppen zu fangen. Dabei kann man lediglich Bälle aus der Luft fangen. Wird der Ball einer anderen Gruppe gefangen, wird er als Trophäe sofort der Lehrkraft gebracht. Diese bringt den Ball anschließend neu ins Spiel.

Kapitel

6

Werfen

6.1 Grundformen an der Wand

Erlernen der Zielbewegung

6.2 Übungsformen

„Der Ball fliegt ins Tor"

„Feuer frei"

6.3 Spielformen

Bälleparadies

Dosenwerfen

Flugball

Angriff auf die Festung

Medizinballwettkampf

Das Werfen auf das gegnerische Tor ist im Handballspiel meist die letzte Aktion der angreifenden Mannschaft und somit eine entscheidende Handlung für das erfolgreiche Abschließen des Angriffs bzw. für den Torerfolg.

Beim Werfen sollte man sich – analog zum Lehren und Lernen des richtigen Passens – zunächst auf den Technikerwerb konzentrieren. Dies kann, wie im Theorieteil dargestellt (vgl. Kap. 1), über verschiedene Lehr- und Lernformen erfolgen (Erfahrungsorientiertes Lernen, Differenzielles Lernen etc.). Wichtig hierbei ist, dass die Kinder ausreichend Übungszeit für das Erlernen des Werfens erhalten sowie spielerische, möglichst spielnahe Übungs- und Wettkampfformen mit vielen kreativen Elementen des Zielwerfens aufgezeigt bekommen.

In der Praxis stehen Lehrkräfte und Übungsleiter häufig vor Ausstattungsproblemen der zur Verfügung stehenden Sporthalle, da keine oder nicht genügend Handballtore vorhanden sind, um Kinder mit erhöhten Wiederholungszahlen auf das Tor werfen zu lassen. Alternativ dazu können daher u. a. zwei Stangen oder eine aufgestellte Weichbodenmatte verwendet werden oder man klebt mit Tesakrepp an der Hallenwand Tore auf. Wichtig sind vor allem auch klar definierte Wurfziele, wie bspw. Hütchen, Kegel, andere Bälle, Alltagsgegenstände (z. B. Pommes), in den Toren aufgehängte Reifen, Überziehleibchen etc. oder mit Tesakrepp markierte Ziele (Kreise an der Wand).

Im Sportunterricht, aber auch im Vereinstraining, können die wenigsten Lehrkräfte eine komplette Drei-Feld-Sporthalle benutzen. Oftmals steht nur ein Hallendrittel zur Verfügung, sodass der handballtypische Wurfkreis nicht oder nur unter schwierigen Bedingungen genutzt werden kann. Kreative Lösungen, wie das Aufstellen von drei Toren oder Weichbodenmatten nebeneinander mit einer geraden Hütchenreihe als Abwurflinie, können daher ebenfalls umgesetzt werden. Kinder wollen nämlich den Ball auf bzw. ins Tor werfen, darum kann in Lern- und Übungsphasen auf den regelkonformen Wurfkreis im Abstand von sechs

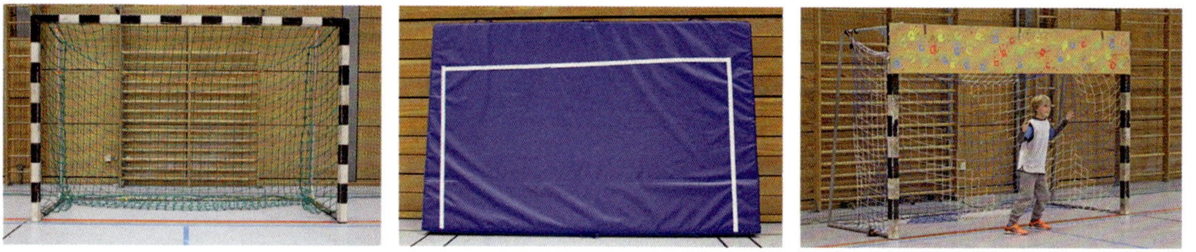

Abb. 60: Das Handballtor mit einer Breite von 3 Metern und einer Höhe von 2 Metern

Metern durchaus verzichtet werden. Das Aufstellen bzw. Markieren von mehreren Toren hilft außerdem, die Wurfintensität deutlich zu erhöhen.

Abspringen beim Werfen (Sprungwurf) – wann sinnvoll?

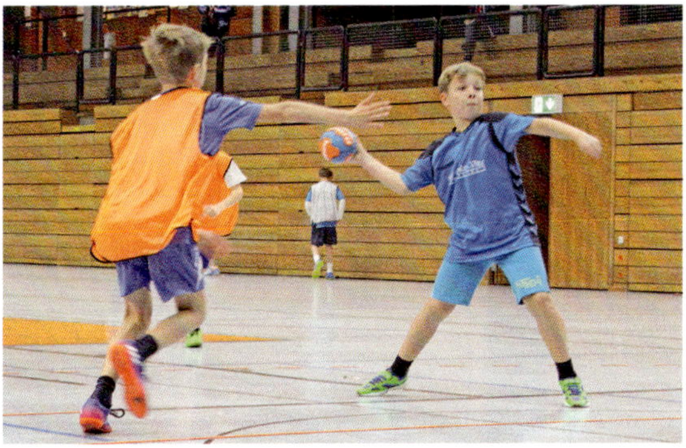

Abb. 61: Schlagwurf

Der Sprungwurf, also das Abspringen vor bzw. beim Werfen, ist eine häufig eingesetzte Wurfform im Handballsport. Für Kinder ist der Sprungwurf mit seinen koordinativen Anforderungen (Springen, Ausholbewegung und Werfen) von erhöhter Schwierigkeit. Daher sollte das Erlernen und Üben des Schlagwurfes generell vor der Einführung des Sprungwurfes stehen. Erfahrungsgemäß werden Kinder beim Handballspielen irgendwann von alleine den Sprungwurf ausprobieren und anwenden, so dass diese neue Technik dann von der Lehrkraft gezielt thematisiert werden kann. Ohne eine korrekte Ausführung des Schlagwurfes (zumindest in Grobform) ist der Sprungwurf als Folgehandlung nur schwer erlernbar.

Im Vereinstraining sollte der Sprungwurf bei fortgeschrittenen D-Jugendlichen (11- bis 12-Jährige) geschult werden. Bei jüngeren Handballmannschaften gilt das korrekte Werfen aus dem Stand bzw. mit Anlauf als oberstes Lernziel.

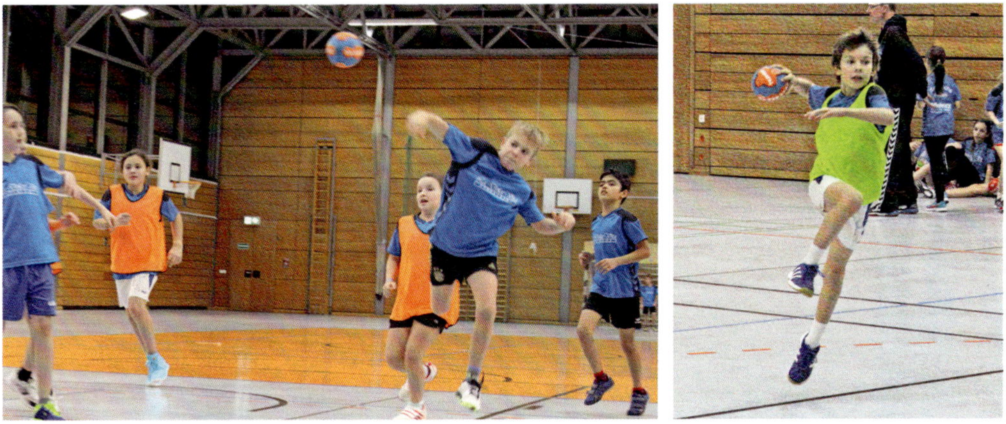

Abb. 62: Voller Einsatz beim Wurfversuch

6.1 Grundformen an der Wand

Erlernen der Zielbewegung

Material

Ein Handball für jedes Kind

Diese erste Grundform hat das Ziel – analog zum Erlernen des Passens und Fangens – den Kindern die Technik des Werfens durch eigenes Ausprobieren und Reflektieren der gemachten Erfahrungen näher zu bringen. Bei dieser Grundform ist zu empfehlen, dass die Kinder mit möglichst hohen Wiederholungsanzahlen eine gute Wurftechnik lernen und vielseitig anwenden können. Im Anschluss an das Erlernen der Zielbewegung kann die unten aufgeführte Organisationsform für die Grundspiele genutzt werden.

Organisation

Die Kinder verteilen sich in der Sporthalle und stellen sich an einer Wand/einem Trennvorhang im Abstand von sechs bis sieben Metern auf (Blick zur Wand/zum Trennvorhang).

Ablauf

Die Lehrkraft leitet die verschiedenen Übungsformen des Werfens an:

- Werfen mit der linken und der rechten Hand.
- Beidhändiges Werfen über Kopf.
- Werfen aus dem Stand.
- Werfen aus dem Angehen mit drei Schritten.
- Werfen aus dem Antippen und nach Ballaufnahme.

Variationen

- Jedes Kind definiert in seinem Wandbereich zwei Zielobjekte, die nicht höher als zwei Meter sein sollten (z. B. Fleck oder Linie an der Wand; alternativ mit Tesakrepp Zielobjekte markieren).
- Während der Ausholbewegung nennt die Lehrkraft entweder die Zahl 1 oder 2. Auf dieses Zielobjekt wird geworfen.
- Die Kinder suchen sich einen Partner, der neben ihnen positioniert ist. Auf Signal erfolgt ein Balltausch (entweder per Pass oder per Übergabe) und dann wird auf das Ziel geworfen.

6.2 Übungsformen

„Der Ball fliegt ins Tor"

Material

Vier Handballtore (alternativ: Weichbodenmatten und/oder Tesakrepp zum Markieren von Toren an der Wand), 15 bis 20 Plättchen oder Hütchen zur Markierung der Abwurflinie, ein großer Kasten, zwei Reifen, zwei Hochsprungstangen, zwei kleine Kästen

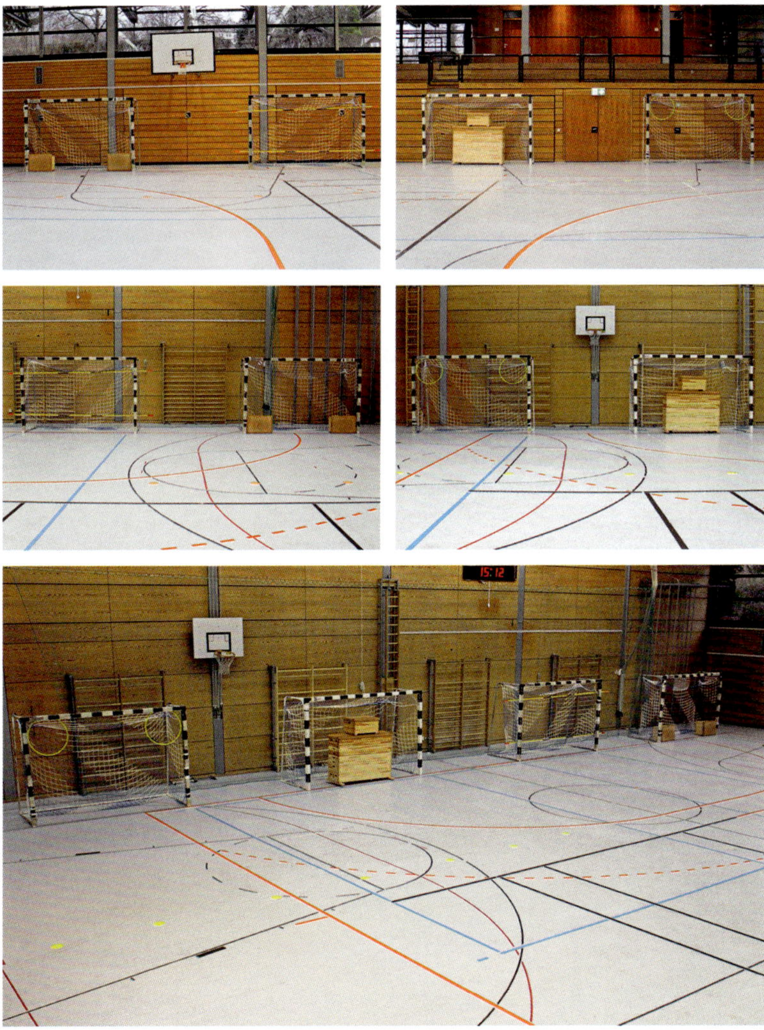

Abb. 63: Aufbau „Der Ball fliegt ins Tor" entweder auf halber Hallenfläche oder in einem Drittel (Bilder 1 bis 4)

Organisation

Die vier Handballtore nebeneinander auf eine Grundlinie stellen. Ist nur ein Hallendrittel verfügbar, werden jeweils zwei Tore auf die beiden gegenüberliegenden Seiten gestellt. Sind keine oder nicht genügend Handballtore vorhanden, werden Weichbodenmatten benutzt oder mit Tesakrepp ein Tor an die Wand geklebt. Mithilfe der Plättchen bzw. Hütchen wird eine Abwurflinie im Abstand von ca. fünf bis sechs Metern gezogen – je nach Alter und Können der Kinder.
In einem Handballtor werden zwei Reifen mithilfe des Tornetzes als Ziele aufgehängt. Im zweiten Handballtor wird mittig ein großer Kasten quer hineingestellt. Im dritten Tor werden die beiden Hochsprungstangen jeweils ca. 25 cm vom Boden bzw. der Latte entfernt aufgehängt. Im vierten Tor werden die zwei kleinen Kästen mit der Oberfläche zum Spielfeld in die beiden Torecken auf den Boden gestellt.
Die Gruppe wird gleichmäßig auf alle vier Stationen aufgeteilt.

Ablauf

Die Kinder versuchen, den Ball ins Tor zu werfen. Dabei sind folgende Zielobjekte vorgegeben:
- „Reifen-Tor“: Den Ball in einen der beiden Reifen werfen.
- „Großer-Kasten-Tor“: Den Ball ins Tor werfen, ohne Berührung des großen Kastens.
- „Hochsprung-Tor“: Den Ball entweder direkt oder als Aufsetzer ins Tor werfen, ohne dass er die Stangen berührt.
- „Kleiner-Kasten-Tor“: Eine der beiden Oberflächen der kleinen Kästen treffen.
- Die Kinder werfen zuerst aus dem Stand von der Abwurflinie.

Variationen

- Das Werfen von der Abwurflinie wird variiert:
- Aus dem Angehen.
- Aus der Drei-Schritt-Folge.
- Aus dem Antippen.
- Aus dem Anprellen.
- Nach Pass vom Mitspieler, der versetzt vom Startwerfer steht.

„Feuer frei"

Material

Drei Handballtore, 15 bis 20 Plättchen oder Hütchen zur Markierung der Abwurflinie, sechs *Pommes* (Schaumstoffbalken), sechs Reifen, sechs Stangen, eine kleine Turnmatte, Koordinationsleiter, einen Handball für jedes Kind.

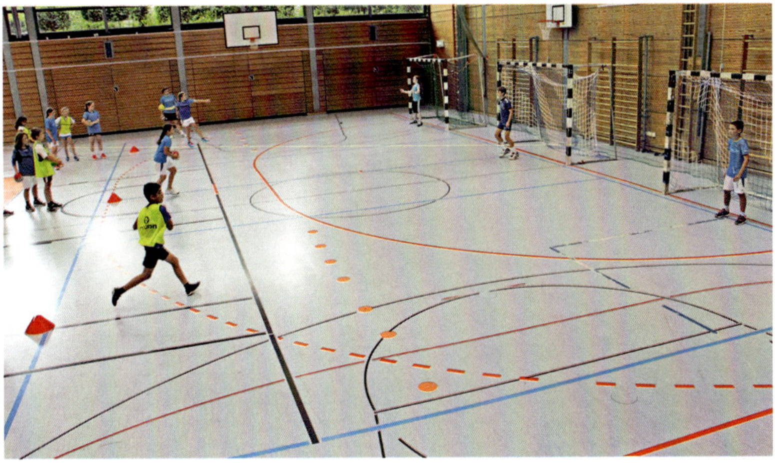

Abb. 64: Hohe Wiederholungsanzahl durch drei nebeneinanderstehende Tore

Werfen für Gruppen ab 15 Kindern. Diese Organisationsform lässt keine lange Wartezeiten der Kinder zu und die Kinder üben mit hoher Wiederholungsanzahl.
Im Anschluss an das Werfen kann dieselbe Organisationsform für die Grundspiele genutzt werden (siehe Kap. 8).

Organisation

Die drei Handballtore nebeneinander auf eine Grundlinie stellen. Ist nur ein Hallendrittel verfügbar, werden zwei Tore auf eine Seite und das dritte Tor auf die gegenüberliegende Seite gestellt. Sind keine Handballtore verfügbar, können Weichbodenmatten verwendet werden oder man klebt mit Tesakrepp Tore an die Wand. Mithilfe der Plättchen bzw. Hütchen wird eine Abwurflinie im Abstand von ca. fünf bis sechs Metern gezogen – je nach Können der Kinder.
Die Kinder verteilen sich gleichmäßig (in Reihe) auf drei Hütchen, die etwa drei Meter hinter der Abwurflinie aufgestellt werden. Jeweils ein Torhüter besetzt ein Tor. Nach dem Wurf auf das Tor, wird der Werfer zum neuen Torhüter, wohingegen der bisherige Torhüter den jeweiligen Ball holt und sich am Ende der eigenen Gruppe anstellt.

Ablauf

Folgende Übungsformen können von der Lehrkraft vorgegeben werden:

- Werfen aus dem Angehen.
- Werfen aus der Drei-Schritt-Folge.
- Werfen aus dem Antippen.
- Werfen aus dem Anprellen.
- Werfen aus dem Pass vom Hintermann.

Variationen

Die drei Stationen unterschiedlich gestalten:

- Durch eine Reifenbahn mit einem Kontakt durchlaufen (siehe Abb. 66).
- Mit den „Pommes" einen „Springparcours" aufbauen und beidbeinig darüber springen.
- Mit Stangen einen „Slalomparcours" aufbauen und prellend hindurchlaufen.
- Mit einer Koordinationsleiter verschiedene Übungen für die Beine kombinieren:
  - Nur mit dem linken/rechten Bein durchlaufen
  - Zwei Kontakte pro Zwischenraum
  - Ein – zwei – drei Kontakte im Wechsel
- Mit einer kleinen Turnmatte einen „Purzelbaum" (Rolle vorwärts) oder ähnliche Turnelemente einbauen (siehe Abb. 67).

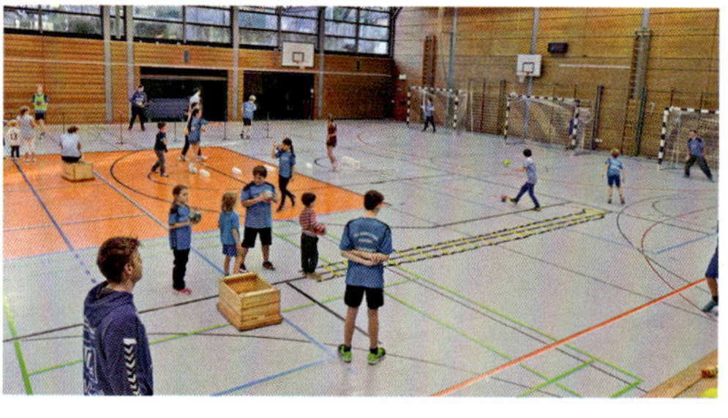

Abb. 65: Übungsform Feuer frei

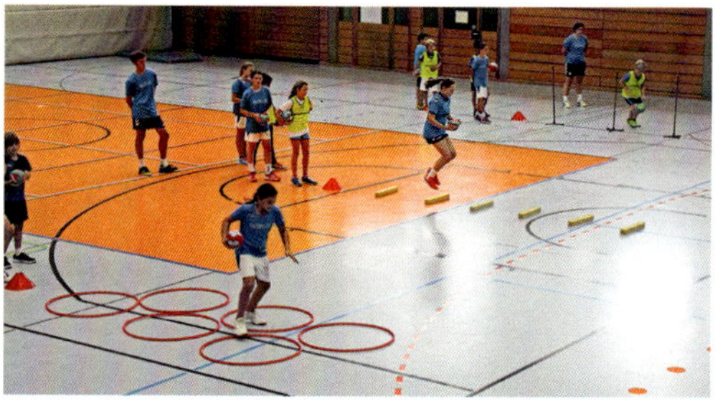

Abb. 66: Durchlauf durch eine Reifenbahn bevor Torabschluss

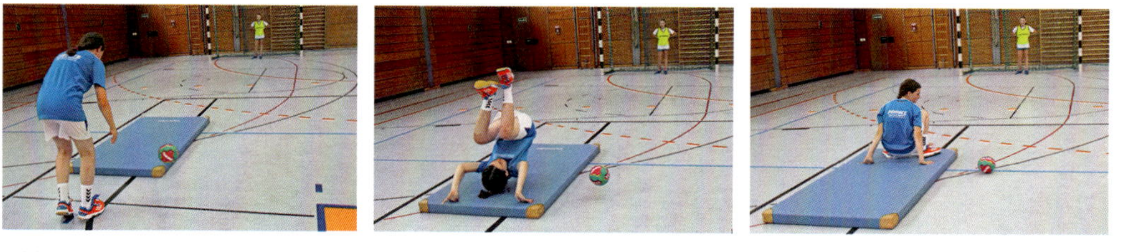

Abb. 67: Rolle Vorwärts – Ballaufnahme – Torwurf

6.3 Spielformen

Bälleparadies

Material

20 oder mehr Bälle (verschiedene Ballarten: Hand-, Basket-, Tennis-, Soft- und/oder Volleybälle), Musik

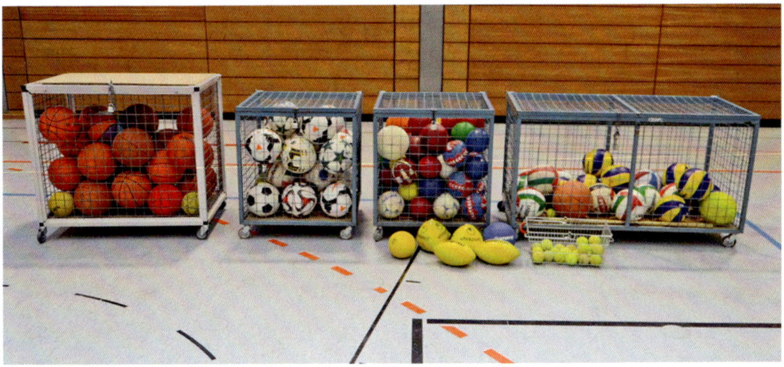

Abb. 68: Verschiedene Ballwagen für die Spielform Bälleparadies

Organisation

Zwei Mannschaften bilden, die sich in zwei gleich großen Feldern – getrennt durch eine Mittellinie – gegenüber aufstellen. Es wird Musik eingespielt. Auf jeder Seite liegt (möglichst in Ballwägen) die gleiche Anzahl an Bällen.

Ablauf

Bei Einspielen der Musik beginnt das Spiel. Die beiden Mannschaften werfen die Bälle ins gegnerische Feld. Das Spiel geht so lange, bis die Musik stoppt, dann darf nicht mehr geworfen werden. Danach werden auf jeder Seite die Bälle gezählt. Diejenige Mannschaft, die weniger Bälle auf ihrer Seite liegen hat, gewinnt das Spiel. Im Anschluss werden alle Bälle gesammelt und wieder gleichmäßig auf die zwei Felder (Ballwagen) verteilt.

Variationen

- Entlang der Mittellinie werden mehrere Gegenstände oder Geräte aufgebaut: Große und kleine Matten, aufgestellte Weichbodenmatten, Kästen etc. Die Kinder müssen nun über diese Gegenstände bzw. Geräte ins gegnerische Feld werfen.
- Im Abstand von ca. drei Metern von der Mittellinie wird eine *Sicherheitszone* mit Hütchen aufgebaut. Die Bälle dürfen nur außerhalb dieser Zone in das andere Feld geworfen werden. In diesem Bereich auf der jeweiligen Seite liegende Bälle dürfen geholt werden.

Dosenwerfen

Material

Zwei Langbänke, zehn bis zwölf Hütchen, vier Medizinbälle, vier Kegel, einen Handball für jedes Kind, Musik

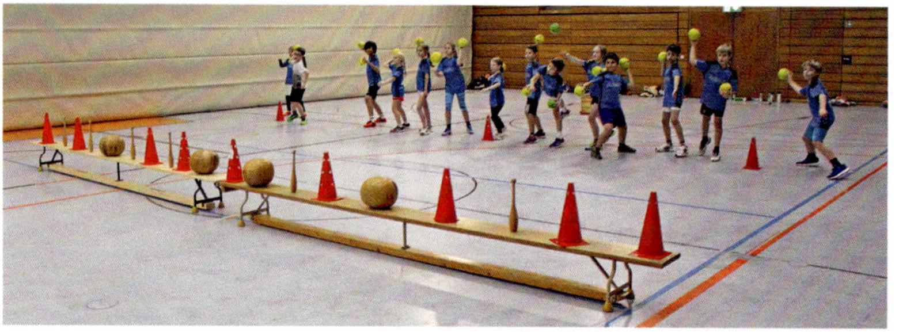

Abb. 69: Spielform Dosenwerfen

Organisation

Auf einer Mittellinie werden die zwei Langbänke nebeneinander platziert. Darauf werden acht Hütchen, die vier Medizinbälle und die vier Kegel im Wechsel aufgestellt. Mit den restlichen Hütchen werden im Abstand von ca. vier Metern von der Mittellinie entfernt zwei Abwurflinien markiert.
Die Gruppe wird geteilt und die Kinder stellen sich gleichmäßig hinter den zwei Abwurflinien auf.

Ablauf

Beim Einspielen der Musik startet eine der beiden Mannschaften mit dem Dosenwerfen. Dabei stoppt die Lehrkraft die Zeit, die die erste Mannschaft benötigt, um alle Gegenstände auf der Bank abzuwerfen. Ist dies geschafft, stoppt die Musik und alle Gegenstände werden wieder aufgestellt. Die andere Mannschaft bekommt nun die Handbälle und versucht die von der ersten Mannschaft erzielte Zeit zu unterbieten.

Variationen

- Bei Anfängern wird lediglich eine bestimmte Zeit (ca. 30 bis 40 Sekunden) als Spieldauer vorgegeben, um dann die heruntergeworfenen Gegenstände zu zählen.
- Je nach Können, wird die Abwurflinie (der Abstand) vergrößert oder verkleinert.
- Beide Mannschaften stehen sich an den zwei Abwurflinien gegenüber und starten auf ein Signal zeitgleich. Jedes Kind braucht nun einen Handball. Wenn alle Gegenstände von den Langbänken heruntergeworfen wurden, wird gezählt auf welcher Seite die meisten Gegenstände liegen.

Flugball

Material

Zwei Weichbodenmatten, zwei Barren oder vier große Kästen, zwei kleine Kästen, für jedes Kind einen Softball, Musik

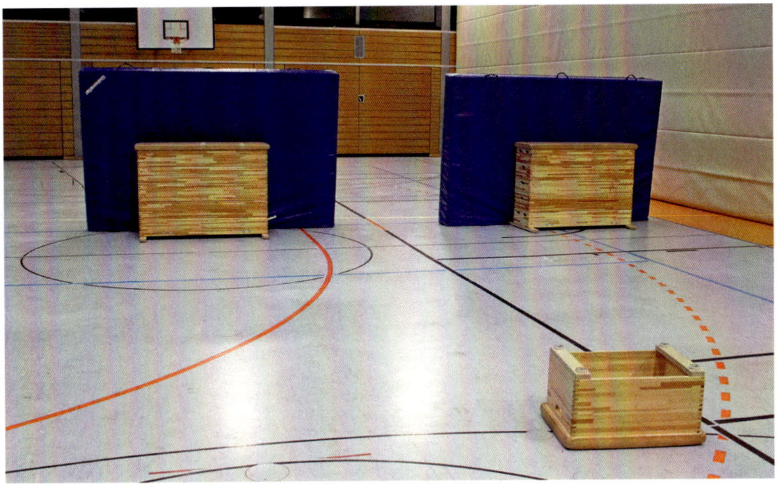

Abb. 70: Aufbau Spielform Flugball

Organisation

Die zwei Weichbodenmatten in der Mitte der Halle nebeneinander aufstellen und mit den Barren-Holmen bzw. mit den vier großen Kästen an den Seiten sichern. Je einen kleinen Kasten auf jeder Spielfeldseite aufstellen. Jedes Kind hat einen Softball. Die Kinder werden gleichmäßig auf beide Seiten verteilt. Beim Einspielen der Musik startet das Spiel.

Ablauf

Die Kinder werfen die Softbälle über die aufgestellten Weichbodenmatten in das andere Spielfeld. Gelingt es einem Kind einen geworfenen Ball direkt aus der Luft (ohne Bodenkontakt) zu fangen, legt es diesen in den kleinen Kasten.
Nach einer bestimmten Zeit stoppt die Musik und das Spiel endet. Anschließend wird gezählt, welche Mannschaft mehr Bälle in ihrem Kasten liegen hat.

Variationen

- Die Softbälle dürfen jetzt aus der Hand mit dem Fuß (Fußball-Abschlag) in das andere Feld geschossen werden.
- Es wird ein Störer mit Überziehleibchen in das andere Feld gestellt. Der Störer behindert die werfende Mannschaft, darf aber Bälle oder Gegenspieler nicht berühren.

Angriff auf die Festung

Material

Ca. 3 bis 5 Weichbodenmatten, kleine Kästen, kleine Turnmatten, drei Langbänke, 15 bis 20 Soft-/Goalcha-Bälle, ca. 15 Tennisbälle, zwei kleine Kästen, Musik
Der Aufbau kann je nach Material und Geräten der verfügbaren Halle variiert werden.

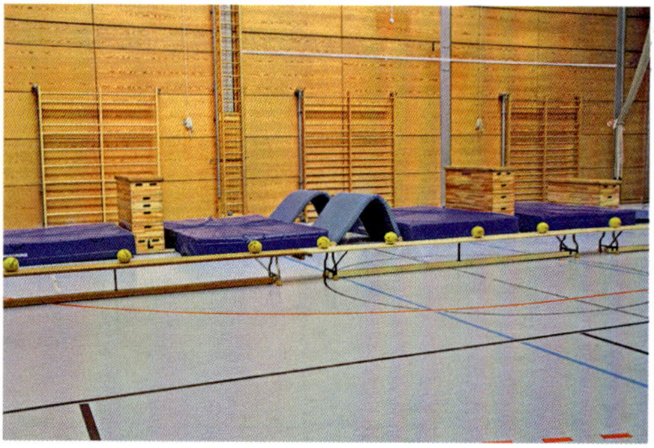

Abb. 71a: Aufbau Spielform Angriff auf die Festung

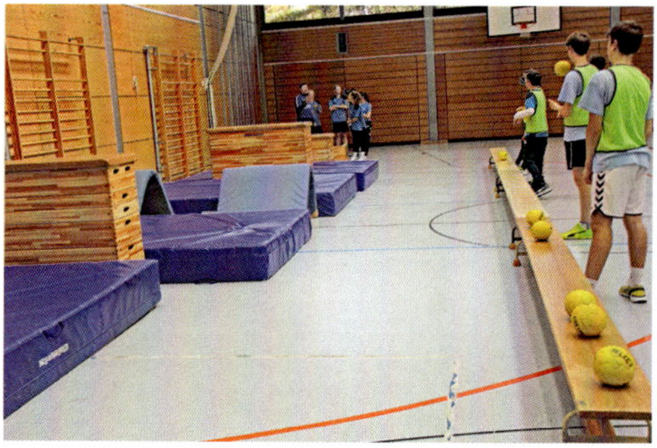

Abb. 71b: Beginn Spielform Angriff auf die Festung

Organisation

Zwei Mannschaften bilden. Mannschaft A steht hinter den Langbänken, Mannschaft B an den kleinen Kästen mit den Tennisbällen. Der Abstand der Langbänke zu dem aufgebauten Parcours orientiert sich am Können der Kinder. Je ein kleiner Kasten steht zu Beginn (mit Tennisbällen befüllt) und am Ende der Hallenmaterialien. Es wird Musik eingespielt.

Ablauf

Die Kinder aus Mannschaft B starten auf einer Seite des Parcours und versuchen die „Festung zu erobern“, indem sie die Tennisbälle in den kleinen Kasten auf der anderen Seite bringen. Sie werden dabei von den Kindern aus Mannschaft B mit den Softbällen abgeworfen. Wird ein Kind aus Mannschaft B getroffen, muss es zurück zum Startpunkt und das Kind startet erneut. Die abwerfende Mannschaft A darf sich die Bälle wieder holen.
Kopftreffer sind nicht erlaubt!
Wie viele Tennisbälle schafft jede der beiden Mannschaften in einer vorgegebenen Zeit in die Festung zu transportieren?

Variationen

- Es dürfen nun zeitgleich mehrere Läufer starten.
- Verstecke einbauen, sodass die Läufer sich ausruhen können.

Medizinballwettkampf

Material

Vier Langbänke, ein Medizinball, ein Handball für jedes Kind

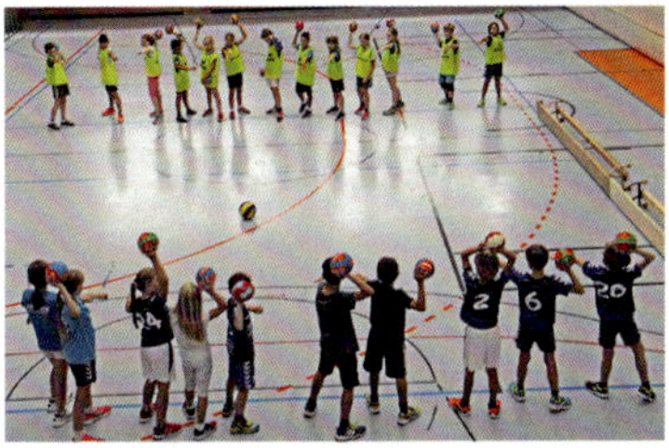
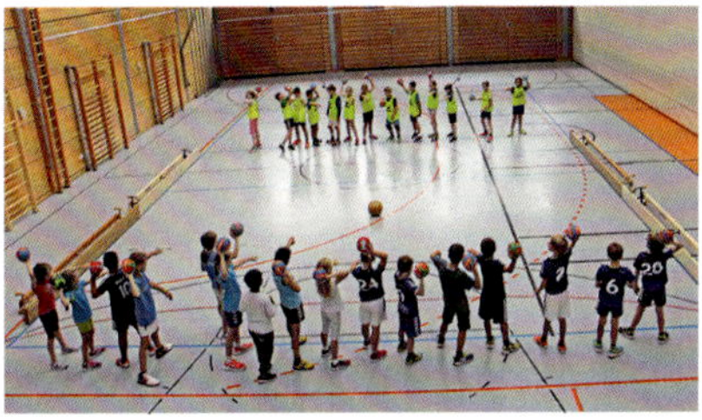
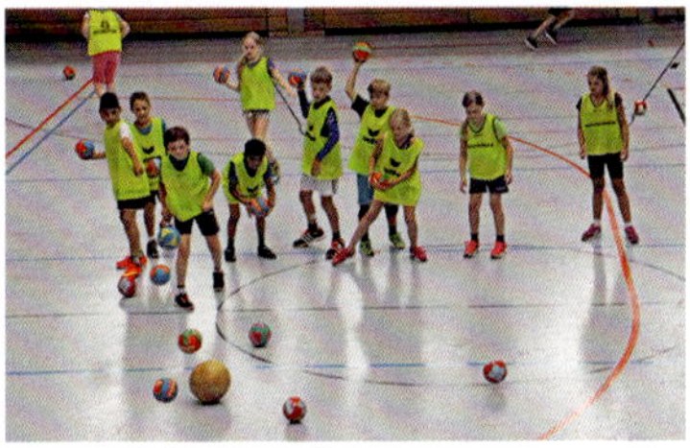

Abb. 72: Spielform Medizinballwettkampf

Organisation

Zwei Mannschaften bilden, die sich an zwei festgelegten Abwurflinien gegenüber aufstellen. Das Spielfeld ist seitlich mit jeweils zwei Langbänken begrenzt. In der Mitte des Feldes liegt ein Medizinball. Es wird Musik eingespielt.

Ablauf

Beim Einspielen der Musik beginnt das Spiel. Beide Mannschaften versuchen mit ihren Handbällen den Medizinball über die gegnerische Abwurflinie zu treiben, indem sie ihn abwerfen. Dabei dürfen sie aber ausschließlich hinter ihrer Abwurflinie auf den Medizinball werfen. Im Feld liegende Bälle dürfen jedoch geholt werden.
Ein Punkt ist erzielt, wenn der Medizinball über die gegnerische Abwurflinie gerollt ist.

Variationen

- Der Abstand der zwei Abwurflinien zum Medizinball wird variiert.
- Haben die Kinder noch zu wenig Kraft, um den Medizinball mit einem Treffer in Bewegung zu versetzen, kann er durch einen Volleyball oder Pezziball ersetzt werden.
- Die beiden Mannschaften werden aufgefordert, selbstständig Teamtaktiken zu entwickeln: Bälle-Sammler, Werfer, usw.
- Das Spiel wird nicht gegeneinander gespielt, sondern miteinander: Schaffen es die Kinder, den Medizinball gemeinsam über eine festgelegte Markierung zu treiben? Wie lange brauchen sie dafür?

Kapitel 7

Wettkämpfe mit (Hand-)Bällen

Wettkämpfe zeichnen sich durch klare, mit den Kindern gemeinsam festgelegte Regeln aus sowie durch kurze, meist aber sehr intensive Belastungen. Viele Wettkämpfe können je nach Alter und Können grundsätzlich mit oder ohne Ball durchgeführt werden. Sofern möglich, ist eine Durchführung mit Ball empfehlenswert, um gleichzeitig auch ballspezifische Fertigkeiten bzw. Ballhandling zu schulen. Zudem sollte aus pädagogischer Perspektive bei den nachfolgenden Wettkampfformen stärker das individuelle oder gemeinsame Leisten (= Handlung einer Person oder Gruppe) im Fokus stehen und weniger die Leistung (= Ergebnis des Handlungsgeschehens).

Durch die Thematisierung solcher Wettkampfformen in Schule und Verein können sowohl konditionelle Fähigkeiten als auch handballspezifische Fertigkeiten (Prellen, Ballhandling etc.) verbessert werden. Bei der Umsetzung ist darauf zu achten, dass die Kleingruppen von zwei bis vier Kindern in den Wettkämpfen möglichst ausgeglichen sind, v. a. in Bezug auf die Kraft, Schnelligkeit und Ausdauer der Kinder. Zudem ist es ratsam, die Gruppen immer wieder neu zusammenzustellen.

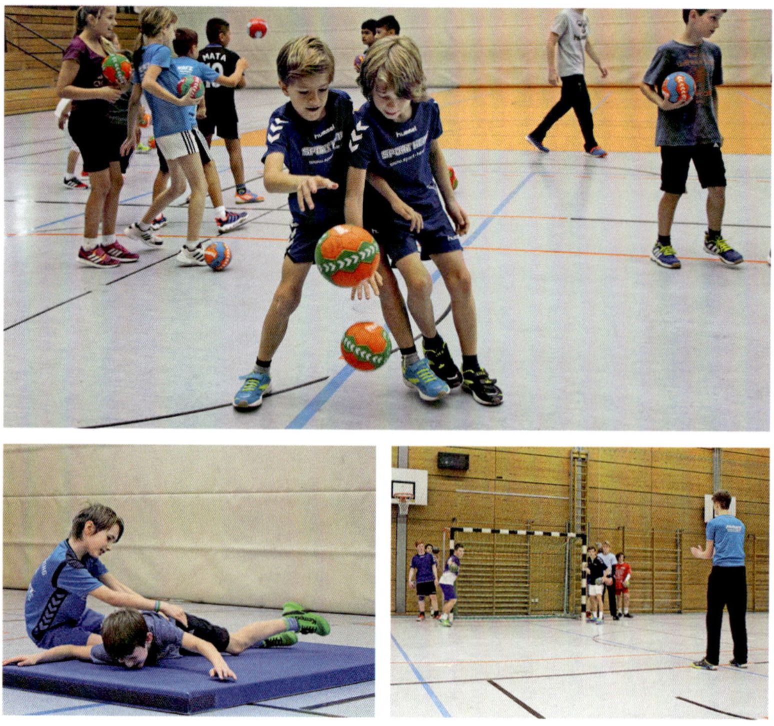

Abb. 73: Wettkampfformen

7.1 Staffelläufe

Zweier-Staffelläufe

Material

Ein Handball für jedes Kind

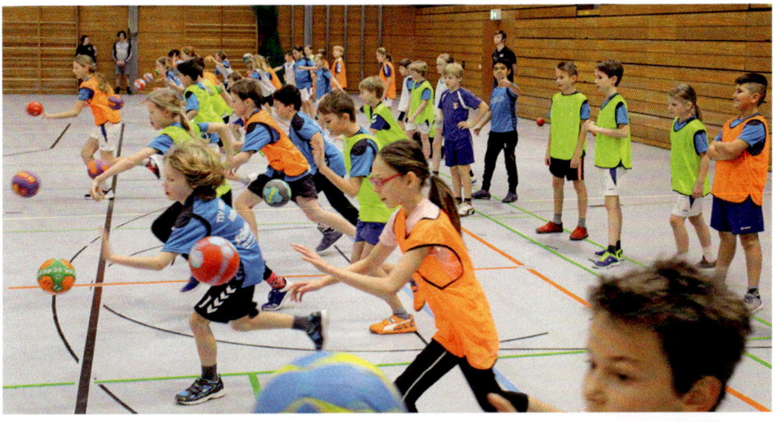

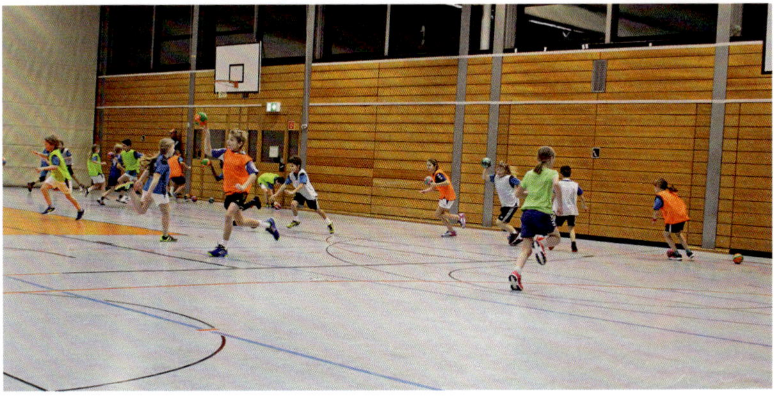

Abb. 74: Staffelläufe – Prellen mit einem Ball

Organisation

Die Kinder gehen paarweise zusammen und stellen sich hintereinander an einer langen Linie der Sporthalle auf, so dass alle Tandems nebeneinander stehen. Die Lehrkraft erklärt die Aufgabe des jeweiligen Staffeldurchgangs und gibt das Startsignal. Nach jeder Aufgabenstellung der Lehrkraft wechseln die Partner.
Nach jedem Durchgang wechselt auf Aufforderung das hinten stehende Kind der Zweiergruppe nach links (oder nach rechts). Somit werden die Paare ständig gewechselt und jedes Kind hat bei jedem Durchgang einen neuen Partner.

Ablauf

Die Kinder laufen jeweils insgesamt zweimal eine Aufgabe der Lehrkraft. Auf der anderen Seite angekommen, legen sie den Handball auf der festgelegten Linie ab und laufen so schnell wie möglich zurück. Der Partner läuft ohne Ball los und holt den Ball mit der jeweiligen Vorgabe wieder zurück.
Die Kinder führen verschiedene handballspezifische Aufgaben aus.

Variationen

Nur ein Ball pro Zweiergruppe notwendig:
- Prellen mit der linken Hand.
- Prellen mit der rechten Hand.
- Prellen mit ständigem Handwechsel.
- Den Ball abwechselnd mit dem linken und rechten Fuß führen.
- Rückwärts prellen.

Zwei Bälle pro Zweiergruppe notwendig:
- Prellen mit zwei Bällen (synchron/asynchron).
- Einen Ball mit zwei Händen greifen. Den anderen Ball darauf balancieren.
- Einen Ball mit zwei Händen halten. Den anderen Ball ständig in der Luft bewegen.
- Einen Ball fest mit zwei Händen greifen und damit den anderen Ball prellen.
- Einen Ball prellen, den anderen Ball eng am Fuß führen (kein nach vorne schießen des Balles).
- Bei den Staffelläufen kann man die Kinder beim Ankommen auf der gegenüberliegenden Seite koordinative Aufgaben ausführen lassen (siehe Kap. 3 – Ballhandling).

Staffelläufe mit Geräteparcours

Material

Acht kleine Turnmatten, zwei Langbänke, fünf Stangen, ein großer Kasten, zwei Medizinbälle. Ein Handball für jede Gruppe.

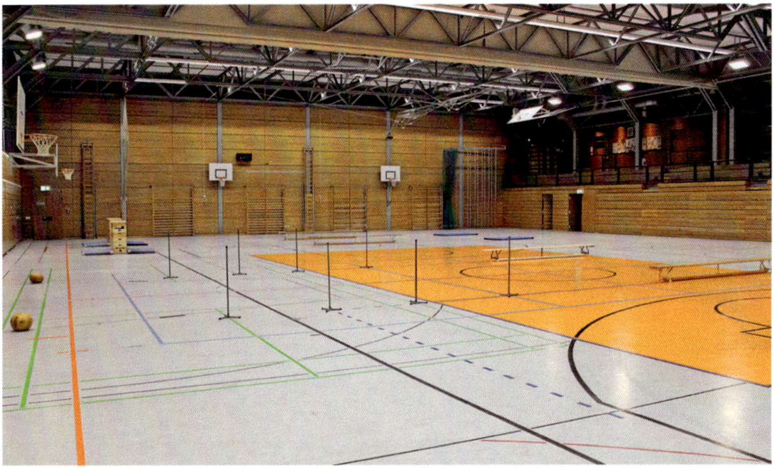

Abb. 75: Geräteparcours für die Staffelläufe

Organisation

Es wird ein Geräteparcours mit folgenden Bahnen aufgebaut (vgl. Abb. 75):

Bahn 1: Eine Langbank, dahinter fünf Stangen mit Zwischenabstand von ca. zwei Metern und ein Medizinball am Ende.

Bahn 2: Eine kleine Turnmatte, eine Langbank, ein großer Kasten, um den zwei kleine Turnmatten liegen.

Bahn 3: Fünf kleine Turnmatten hintereinander im Abstand von ca. einem Meter, ein Medizinball am Ende.

Die Gruppe wird in gleichgroße Mannschaften aufgeteilt (ca. fünf Kinder pro Gruppe). Bei mehr als 30 Kindern sollten die drei Bahnen doppelt aufgebaut werden.
Das erste Kind aus jeder Gruppe startet auf Signal mit dem Handball in der Hand. Es absolviert die Aufgaben der jeweiligen Bahn und prellt dann außen an der Bahn vorbei zu seiner Gruppe zurück, übergibt den Ball und das zweite Kind der Gruppe startet.
Nach jedem Durchgang wechseln die Gruppen die Bahn.
Der Wettkampf kann sowohl als Dreierwettkampf der Gruppen untereinander durchgeführt werden, als auch alleine von Bahn zu Bahn.
Werden zwei gleiche Bahnen aufgebaut, können auch nur die Gruppen dieser gleichen Bahnen gegeneinander antreten.

Ablauf

Bahn 1: Mit beiden Händen auf der Langbank nach vorne ziehen, dabei ist der Ball mit den Beinen eingeklemmt. Im Slalom die Stangen durchprellen, um den Medizinball herumlaufen und wieder zurück zur Gruppe prellen.

Bahn 2: Eine Rolle vorwärts, Hockwenden mit dem Handball über die Langbank und anschließend über den Kasten springen. Der Handball ist hierbei in der Hand. Danach wieder zurück zur Gruppe prellen.

Bahn 3: Den Ball ständig um die Hüfte kreisen lassen, dabei über die Mattenbahn laufen, ohne dass der Ball den Boden berührt. Um den Medizinball laufen und zurück zur Gruppe prellen.

Variationen

Bahn 1: Durch die Bankzwischenräume kriechen, durch die Stangen im Rückwärtsslalom prellen.

Bahn 2: Über die Matte rollen, fünf Grätschsprünge von der Bank herunter und wieder nach oben durchführen, Sprung über den Kasten bleibt gleich.

Bahn 3: Im Slalom um die Matten herum prellen, fünf Hampelmänner am Medizinball.

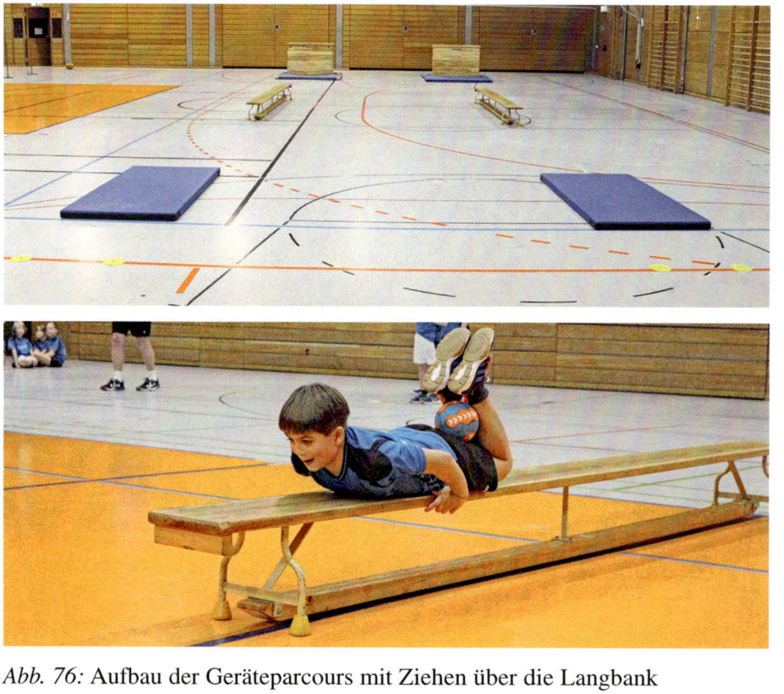

Abb. 76: Aufbau der Geräteparcours mit Ziehen über die Langbank

Duell der Meister

Material

Kleine Turnmatten, ein Handball für jedes Kind

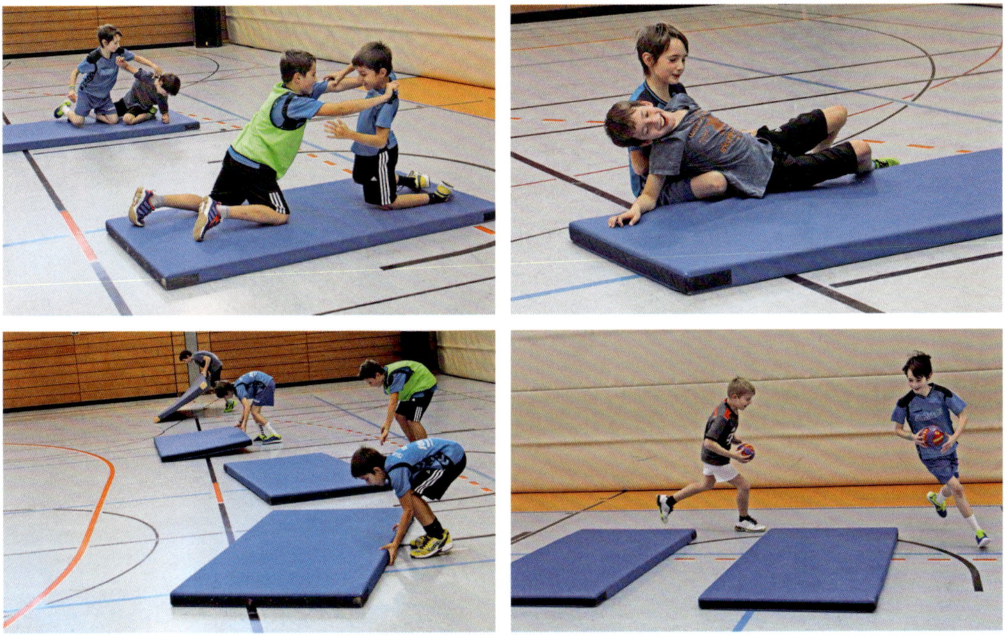

Abb. 77: Sumo-Kampf, Rückendreher, Mattenschleuder und Fang den Läufer

Organisation

Bei dieser Übung nehmen die Kinder Körperkontakt zu ihren Mitschülern/Mitspielern auf. Dabei ist darauf zu achten, dass die Zweiergruppen ausgeglichen bezüglich Kraft und Körpergröße sind. Es ist zudem ratsam, dass im Vorfeld gemeinsam die Regeln erarbeitet werden.

Die Kinder gehen in Zweiergruppen zusammen. Sie haben eine kleine Turnmatte und verteilen sich in der Sporthalle. Die Lehrkraft erklärt die Übungen und gibt ggf. Korrekturen. Nach einigen Durchgängen wechseln die Paare.

Ablauf

Übung 1 – Sumo-Kampf: Die Kinder knien sich an der kurzen Seite der Matte hin und haben dabei Blickkontakt zueinander. Auf ein gemeinsames Signal (z. B. Klatschen in die Hände) startet der Wettkampf. Ziel ist es, den Gegner von der Matte zu drücken oder zu schieben, so dass dieser den Boden außerhalb der Matte berührt (vgl. Abb. 77).

Übung 2 – Rückendreher: Ein Kind legt sich in Bauchlage auf die Matte und spannt seinen ganzen Körper an. Dabei darf es sich nicht mit seinen Händen an der Matte festhalten. Der Partner versucht nun den Gegner auf der Matte mit den Händen in die Rückenlage zu drehen (vgl. Abb. 77).

Übung 3 – Mattenschleuder: Als Wettkampf der Zweiergruppen gegeneinander: Die Turnmatten werden nebeneinander auf eine Linie gelegt, gleichzeitig wird in Blickrichtung eine Zielmarkierung festgelegt. Auf ein gemeinsames Startsignal der Lehrkraft, drehen die Kinder ihre Turnmatte auf die andere Seite in Richtung der Zielmarkierung. Die Kinder aus der Zweiergruppe wechseln sich beim Umdrehen der Matte jeweils ab. Es gewinnt diejenige Zweiergruppe, die zuerst die festgelegte Zielmarkierung erreicht (vgl. Abb. 77).

Übung 4 – Fang den Läufer: Jedes Kind hat nun einen Handball. Es wird pro Paar ein Fänger und ein Läufer bestimmt. Ziel ist es, dass der Fänger den Läufer mit seinem Handball berührt. Dabei darf die Matte nicht übersprungen werden. Nach drei Durchgängen tauschen Fänger und Läufer die Rollen. Als Erweiterungsform prellen Läufer und Fänger ihren Ball.

Die Fläche kann vergrößert werden, indem man zwei Matten im geringen Abstand nebeneinander legt. Ein Durchlaufen durch diese zwei Matten ist nicht gestattet. Als weitere Variante muss der Läufer prellen, der Fänger darf seinen Ball lediglich in der Hand halten.

Variationen

Zu Übung 1
- Beide *Sumo-Ringer* haben einen Handball in der Hand und versuchen den Gegner mit dem Handball von der Matte zu drücken oder zu schieben.
- Der Sumo-Kampf erfolgt im Stehen.

Zu Übung 2
- Wechsel von der Bauchlage in die Rückenlage (als Ausgangsposition).

Zu Übung 3
- Die Kinder dürfen jeweils gemeinsam die Matte drehen.

Zu Übung 4
- Der Läufer muss prellen, während der Fänger seinen Ball lediglich in der Hand hält. Beide Kinder prellen.

7.2 Kleingruppenspiele

Die Schlange von Loch Ness

Material

Zwei bis vier Handbälle sowie zwei bis vier Überziehleibchen (je nach Gruppengröße)

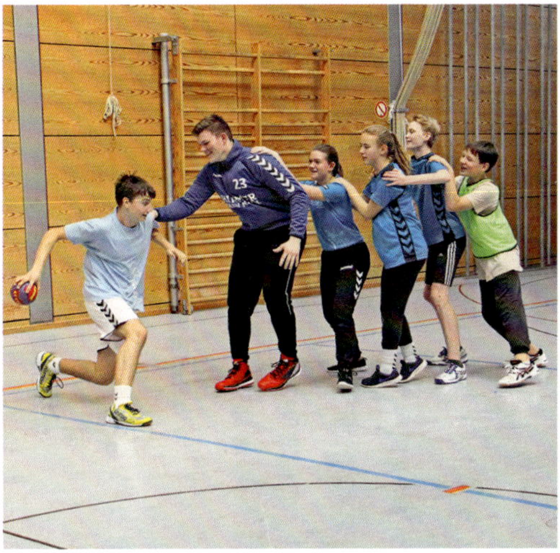

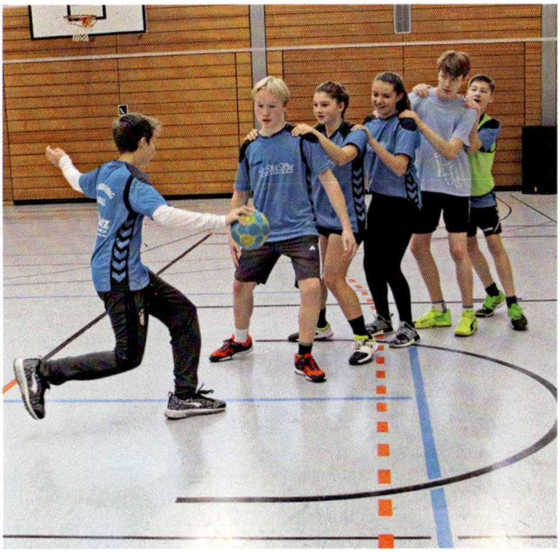

Abb. 78: Die Schlange von Loch Ness beschützt das hinterste Kind (mit Überziehleibchen)

Organisation

Die Kinder finden sich in Sechsergruppen zusammen. Ein Kind aus der Gruppe ist der Fänger und hält einen Handball in der Hand. Die anderen fünf Kinder stellen sich hintereinander in einer Reihe auf und legen jeweils die Hände auf die Schultern ihres Vordermannes. Sie bilden die *Schlange von Loch Ness*. Das hinterste Kind in der Schlange zieht das Überziehleibchen an.

Ablauf

Der Fänger versucht das hinterste Kind der *Schlange* mit dem Ball zu berühren, wohingegen die Schlange das versucht zu verhindern. Dabei darf die *Schlange* nicht auseinanderreißen. Aktiver Armeinsatz (schieben und drücken) des *Schlangenkopfes* ist erlaubt. Nach drei Versuchen wechselt der Fänger und auch das Überziehleibchen wird an ein anderes Kind weitergegeben.

Variationen

- Das Fangen erfolgt im Prellen.
- Wenn der Fänger dreimal erfolgreich war, muss die *Schlange* eine Zusatzaufgabe machen (z. B. zehn Hampelmänner, fünf Liegestütze, o. Ä.).

Beschützt die Königin/den König

Material

Zwei bis vier Handbälle sowie zwei bis vier Überziehleibchen (je nach Gruppengröße)

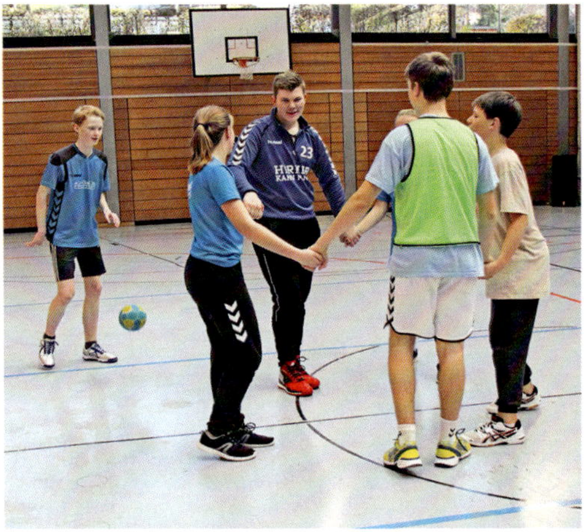

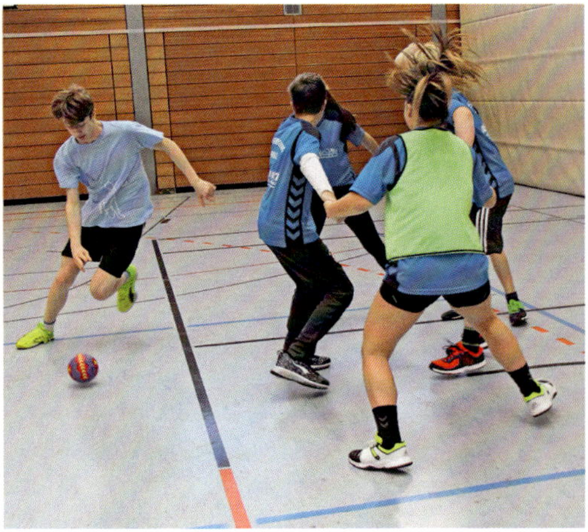

Abb. 79: Wächter schützen die Königin/den König (mit Überziehleibchen)

Organisation

Die Grundidee und Organisation orientiert sich am Spiel *Die Schlange von Loch Ness* (siehe S. 129).
Die Kinder finden sich in Sechsergruppen zusammen. Ein Kind aus der Gruppe ist der Fänger und hält einen Handball in der Hand. Die anderen fünf Kinder bilden gemeinsam in Handfassung einen Kreis. Ein Kind zieht das Überziehleibchen an und ist die Königin/der König. Der Fänger steht außerhalb des Kreises.

Ablauf

Der Fänger versucht, die Königin/den König mit dem Ball zu berühren, während die anderen Kinder (Wächter) genau das verhindern wollen. Dabei darf der Kreis nicht auseinanderreißen. Nach drei Versuchen wechselt der Fänger und auch das Überziehleibchen wird an ein anderes Kind weitergegeben.
Die Wächter versuchen, durch aktive Bein- und Armarbeit die Königin/den König zu beschützen. Der Fänger darf nicht durch den Kreis laufen.

Variationen

- Das Fangen erfolgt im Prellen.
- Wenn der Fänger drei Mal erfolgreich war, müssen die Wächter und die Königin/der König eine Zusatzaufgabe machen (z. B. zehn Hampelmänner, fünf Liegestütze, o. Ä.).

Drückweltmeister

Material

Langbänke, Hütchen, mehrere Handbälle pro Paar

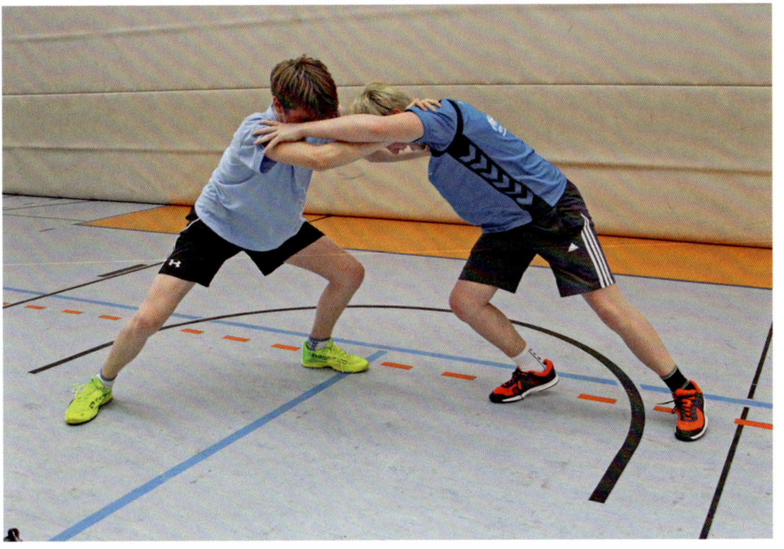

Abb. 80: Spielform Drückweltmeister mit anschließendem Zielwerfen

Organisation

Die Kinder gehen paarweise zusammen und stellen sich an der Mittellinie der Sporthalle auf. Dabei legen sie ihre Hände auf die Schultern ihres Partners und stehen in Schrittstellung sich gegenüber. Es werden zwei parallele Ziellinien im Abstand von ca. 5 Metern von der Mittellinie festgelegt.

Ablauf

Beim Startsignal versuchen die Kinder, ihren Partner über die gegnerische Linie zu drücken bzw. zu schieben. Gelingt das, erhält der Gewinner einen Punkt. Nach ca. 15 Sekunden ertönt das zweite Signal und eine kurze Spielpause tritt ein. Wer zuerst drei Punkte erzielt, hat die Runde gewonnen. Danach erfolgt ein Partnerwechsel.

Variationen

- Hinter den beiden Ziellinien werden wiederum im Abstand von ca. fünf Metern Langbänke positioniert, auf denen Hütchen stehen. Außerdem befinden sich bei den Ziellinien an der Seite jeweils mehrere Handbälle. Nach Drücken des jeweiligen Partners über die Ziellinie vom Partner, versuchen die Kinder, mit bspw. jeweils zwei Handbällen die Hütchen auf der gegnerischen Bank abzuwerfen. Die erzielten Treffer werden als Punkte gezählt.

Kapitel 8

Grundspiele

8.1 Zweikampfschulung

1 x 1-Situation

8.2 Vom Zweikampf zum Grundspiel – 2 x 1 bis zum 3 x 3

Streetball für große Gruppen

Dreiecks – 2 x 1

Streetball – 2 x 2

Streetball Erweiterung 3 x 3

Grundspiele schulen das Angriff- und Abwehrverhalten auf verschiedenen Positionen mit unterschiedlicher Spieleranzahl (vom 1 x 1 bis zum 6 x 5). Dabei kann entweder der Angriff oder die Abwehr in Unter- oder Überzahl agieren. Gespielt wird zudem mit einem Torwart, um spielnahe Situationen herzustellen.

Der Zweikampf im 1 x 1 ist eine entscheidende Spielhandlung im Handballsport. Kann sich ein Angriffsspieler technisch gegen einen Abwehrspieler durchsetzen, hat er oftmals eine gute Wurfchance oder er schafft eine Überzahlsituation für seine Mitspieler, da ein weiterer Abwehrspieler aushelfen muss.

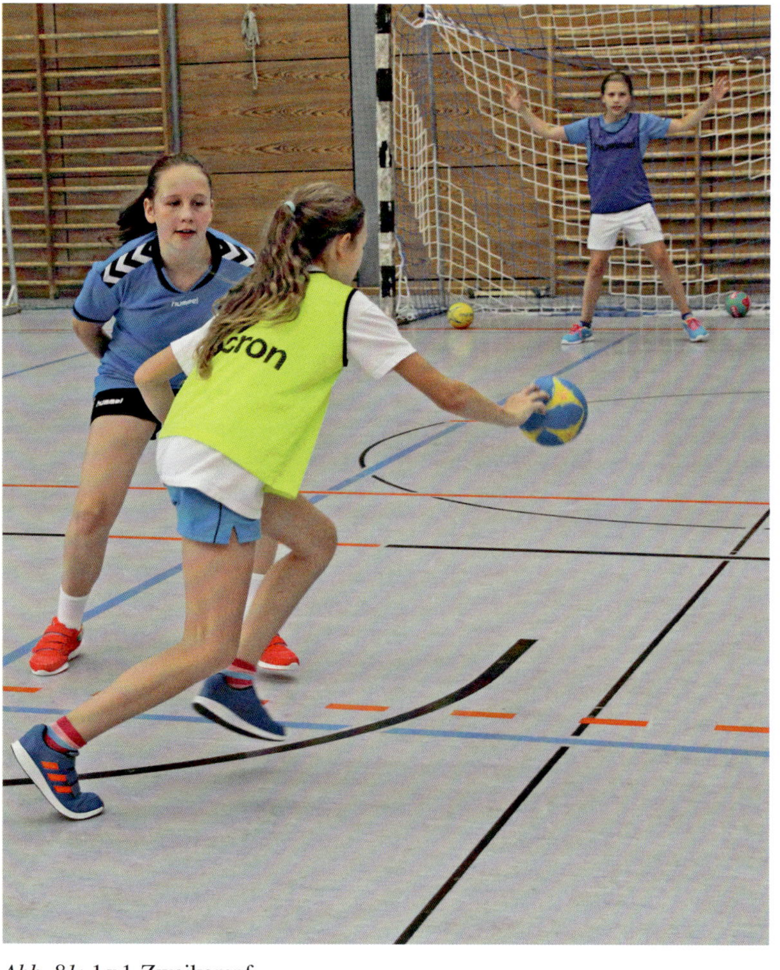

Abb. 81: 1 x 1-Zweikampf

Angreifende Spieler sollen im Handballsport lernen, sich durch Körper-, Blick- und Passtäuschungen einen Vorteil gegenüber dem Abwehrspieler zu verschaffen. Dabei sind schnelle Tempo- und Richtungsänderungen mitentscheidend für eine erfolgreiche Angriffshandlung.

Für die Abwehrspieler im Kinderhandballbereich gelten folgende Grundregeln:

- Das oberste Ziel in der Abwehr ist der Gewinn des Handballs. Dabei darf nicht geschubst, geklammert oder geschlagen werden. Ein regelkonformes Verhalten steht im Vordergrund.
- Der Abwehrspieler versucht bei jedem Zweikampf zwischen seinem Tor und dem Angriffsspieler zu bleiben.
- Der Abwehrspieler „pendelt" die Täuschung des Angriffsspielers aus (geht etwas zurück) und versucht direkt im Anschluss daran, den Ball zu erobern.
- Prellt der Angriffsspieler vor dem Abwehrspieler den Ball, versucht der Abwehrspieler diesen regelkonform herauszuspielen.

Die Schulung des Zweikampfverhaltens ist ein elementarer Bestandteil im Kinderhandballbereich und erfordert daher ausreichend Übungszeit und vielseitige Variationen der Lehrkräfte. Das Einbauen von Vorbelastungen bzw. Zusatzübungen vor den eigentlichen Grundspielen dient der Abwechslung und ist eine gute Möglichkeit, um möglichst spielnahe Situationen zu entwickeln.

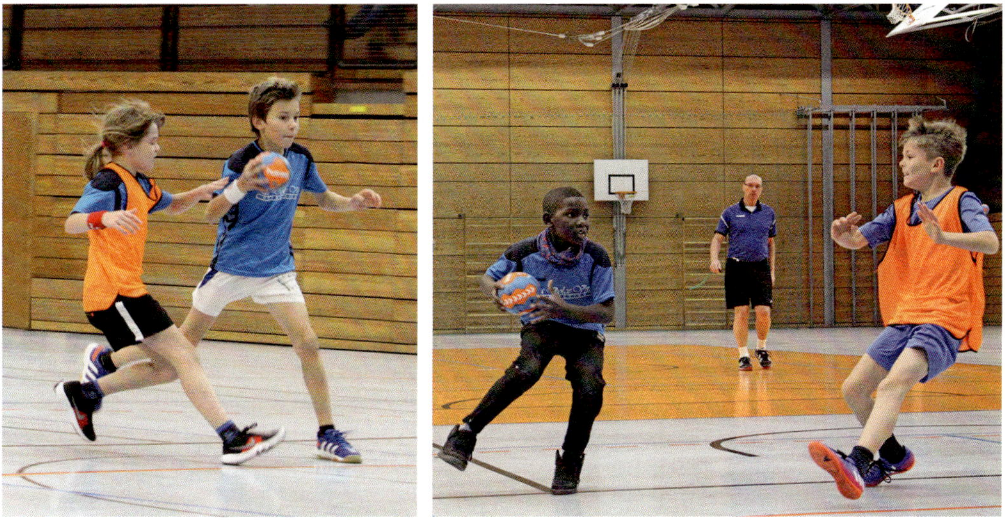

Abb. 82: Der Kampf um den Ball

8.1 Zweikampfschulung

1 x 1-Situation

Material

Der Aufbau orientiert sich an der Wurfübung „Feuer frei“ (s. Kap. 6, S. 113). Drei Handballtore, 15 bis 20 Plättchen oder Hütchen zur Markierung der Abwurflinie, sechs *Pommes* (Schaumstoffbalken), sechs Reifen, sechs Stangen, eine kleine Turnmatte, Koordinationsleiter, ein Handball für jedes Kind.

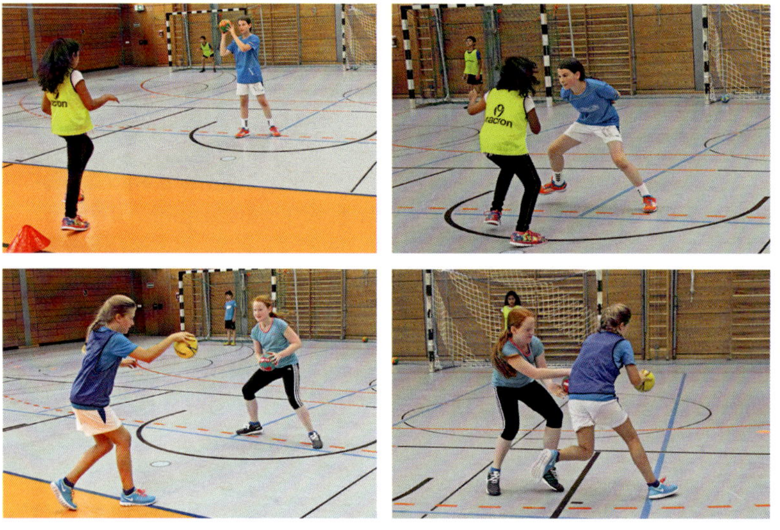

Abb. 83: 1 x 1-Situation mit Erschwernis für den Abwehrspieler

Organisation

Die drei Handballtore nebeneinander auf eine Grundlinie stellen. Ist nur ein Hallendrittel verfügbar, werden zwei Tore auf eine Seite und das dritte Tor auf die gegenüberliegende Seite gestellt. Sind keine Handballtore verfügbar, setzt man Weichbodenmatten ein oder markiert mit Tesakrepp Tore an den Wänden. Mithilfe der Plättchen bzw. Hütchen wird eine Abwurflinie im Abstand von ca. fünf bis sechs Metern gezogen – je nach Können der Kinder.
Die Kinder werden gleichmäßig auf alle drei Hütchen aufgeteilt, sie bilden die Angriffsspieler. In jedem Tor steht ein Torhüter und jeweils ein Abwehrspieler steht im Abstand von ca. drei Metern zur Abwurflinie (zwischen Angriffsspielern und Abwurflinie). Nach dem Zweikampf wird der Angriffsspieler zum Abwehrspieler. Der Abwehrspieler wechselt ins Tor. Der Torhüter holt nach Abschluss des Angriffs den Ball und reiht sich in die Gruppe der Angriffsspieler am Ende ein.

Zur Begrenzung der jeweiligen Korridore (zwischen drei und fünf Meter breit) eignen sich Hallenlinien oder Hütchen/Plättchen zur Begrenzung.

Ablauf

Es erfolgt eine Zweikampfaktion 1 x 1 mit folgendem Auftakt:

- 1 x 1 aus dem Anprellen: Der Angriffsspieler hat den Handball, fängt an zu prellen und versucht den Abwehrspieler auszuspielen.
- 1 x 1 aus dem Pass: Der Angriffsspieler passt den Ball zum Abwehrspieler. Es erfolgt ein Rückpass zum Angriffsspieler und erst danach entwickelt sich die 1 x 1-Situation. Der Angriffsspieler läuft dabei bereits ohne Ball an, bekommt den Ball also in der Vorwärtsbewegung zugespielt.

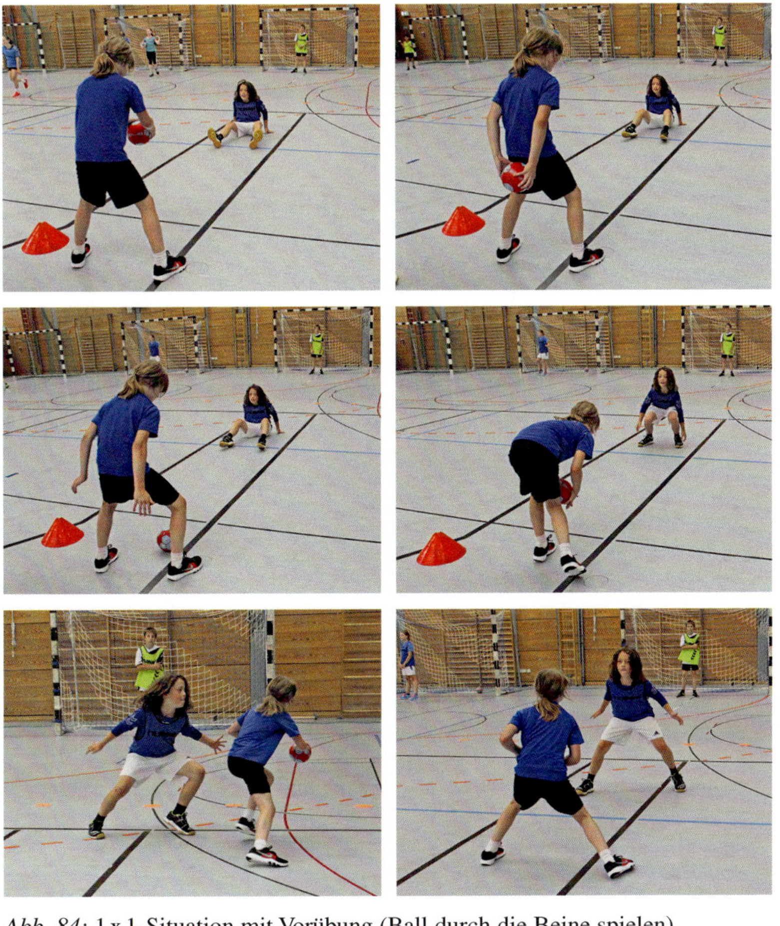

Abb. 84: 1 x 1-Situation mit Vorübung (Ball durch die Beine spielen)

Variationen

- Der Abwehrspieler hat beide Hände hinter dem Rücken verschränkt und darf seine Arme nicht aktiv zum Zweikampf einsetzen.
- Der Abwehrspieler klemmt sich zwei *Pommes* unter die Arme, die er während des gesamten Zweikampfs nicht verlieren darf.
- Der Abwehrspieler hat einen Handball in beiden Händen und hält diesen vor seinem Körper. Er darf mit diesem Handball Gegnerdruck aufbauen.
- Der Abwehrspieler sitzt auf dem Boden im Langsitz und darf erst aufstehen und den Zweikampf ausführen, wenn der Angriffsspieler mit dem Prellen begonnen hat bzw. nachdem er den Ball zum Angriffsspieler zurückgespielt hat.
- Der Abwehrspieler muss eine Linie zu Beginn berühren und läuft dann wieder in die Mitte seines Korridors zurück. Der Angriffsspieler hat nun einen Stellungsvorteil.
- Vor dem Prellen müssen die Angriffsspieler den Ball durch ihre gegrätschten Beine durchspielen (als Startpunkt).
- Das 1 x 1-Verhalten erfolgt nach Hochball (ähnlich dem Anwurf beim Basketball) durch die Lehrkraft.
- Am Seitenrand des Korridors steht ein Anspieler. Der Angriffsspieler darf den Ball dem Anspieler passen, um sich mit dieser Hilfestellung weitere Angriffsmöglichkeiten erarbeiten zu können.

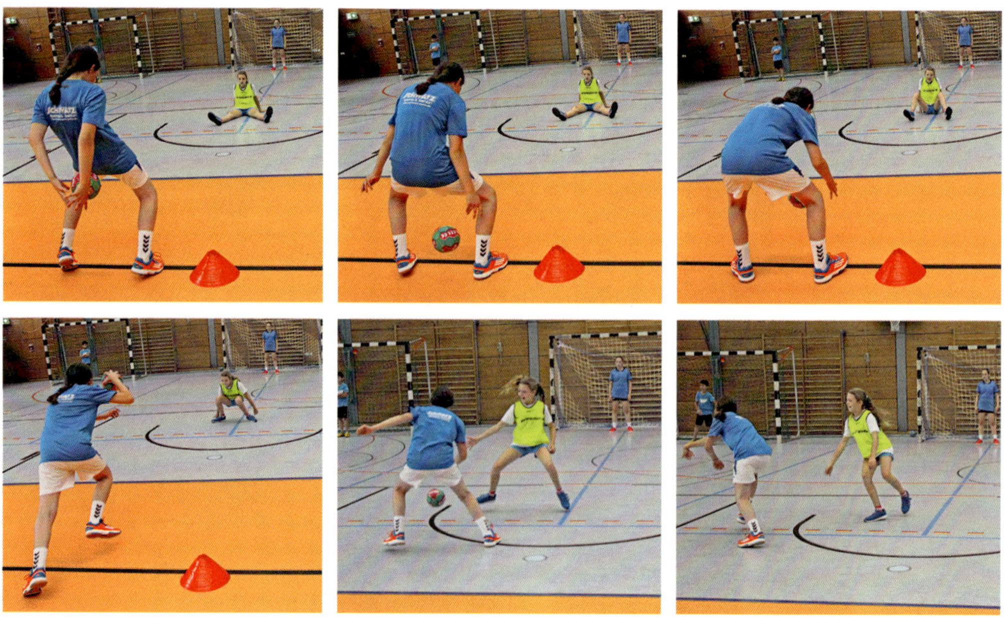

Abb. 85: Einsatz von Körpertäuschungen

8.2 Vom Zweikampf zum Grundspiel – 2 x 1 bis zum 3 x 3

Streetball für große Gruppen

Material

Etwa 25 bis 30 Stangen, 20 bis 25 Hütchen/Plättchen, ein Handball für jedes „Spielfeld“.

Für den Kinderhandballbereich bis 10 Jahre, aber auch für große Gruppen eignet sich das Streetballspiel in dieser Organisationsform.

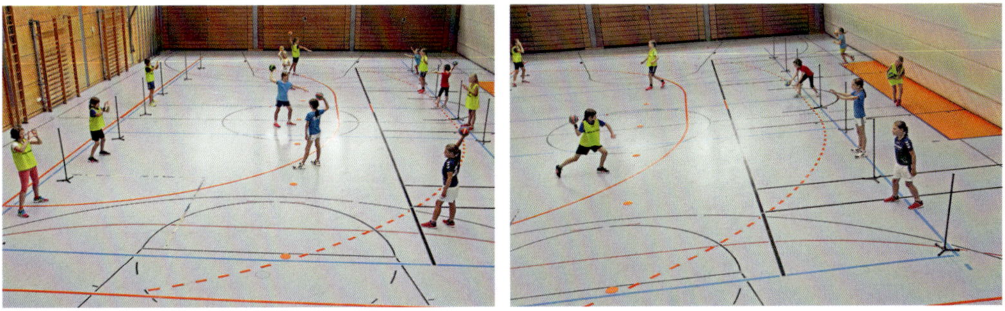

Abb. 86: 1 x 1 mit Mittellinie und Stangentoren

Organisation

In einem Hallendrittel werden die Stangen an der langen Seite zu Toren im Abstand von zwei bis drei Metern aufgestellt. Mit den Hütchen/Plättchen wird eine Mittellinie auf dem Spielfeld markiert. Es werden Paare gebildet. Jedes Kind geht in ein Stangentor.

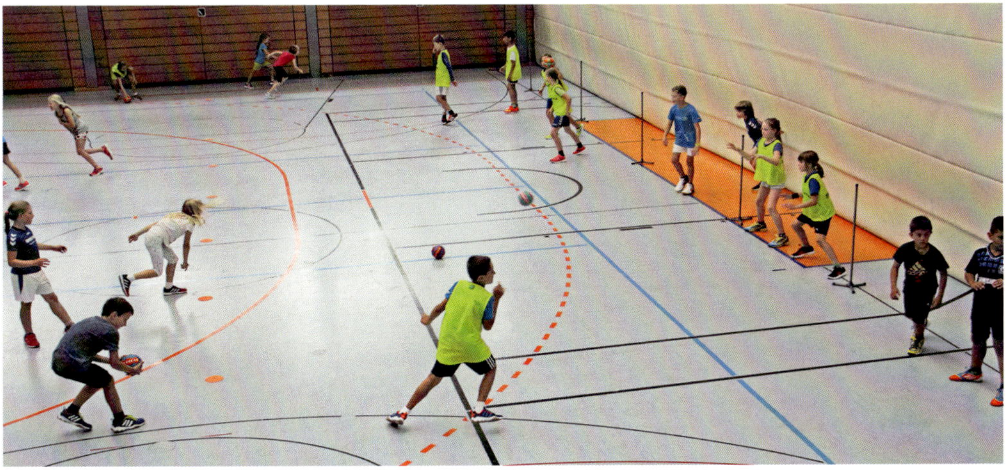

Abb. 87: Erweiterung 2 x 2 mit jeweils zwei Torhütern

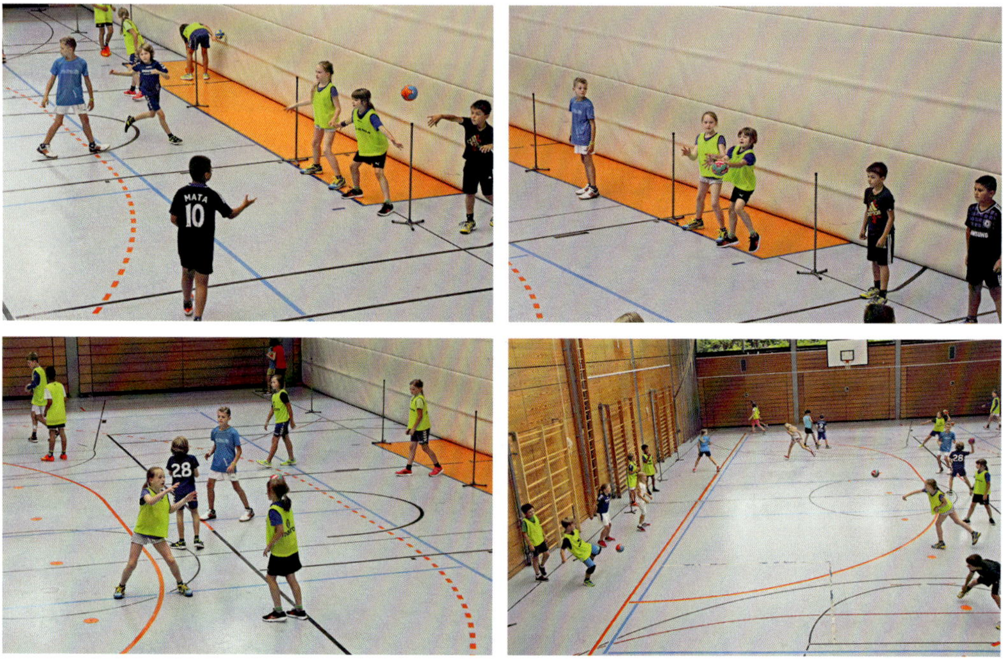

Abb. 88: Viele Angriffs- und Abwehraktionen in der Zweiergruppe

Ablauf

Die Kinder spielen 1 x 1-Streetball, versuchen also Tore beim Gegner zu erzielen und gleichzeitig Torwürfe abzuwehren. Jedes Kind agiert somit als Angriffsspieler und als Torwart. Die Abwurflinie darf während des Spiels nicht übertreten werden.

Variationen

- Ein Tor zählt nur, wenn der Wurf als Aufsetzer erfolgt.
- Es darf nur mit der Gegenwurfhand geworfen werden.
- Statt einer Mittellinie wird das Spielfeld mit einem Wurfkorridor geteilt, so dass sich die Distanz zum gegnerischen Tor vergrößert.
- Für Fortgeschrittene: Abschluss per Sprungwurf ist erlaubt.
- Die Erweiterung führt zu einem Streetballspiel 2 x 2 (vgl. S. 142).

Dreiecks – 2 x 1

Material

In einem Hallendrittel: zwei Handballtore, ca. 20 Hütchen/Plättchen

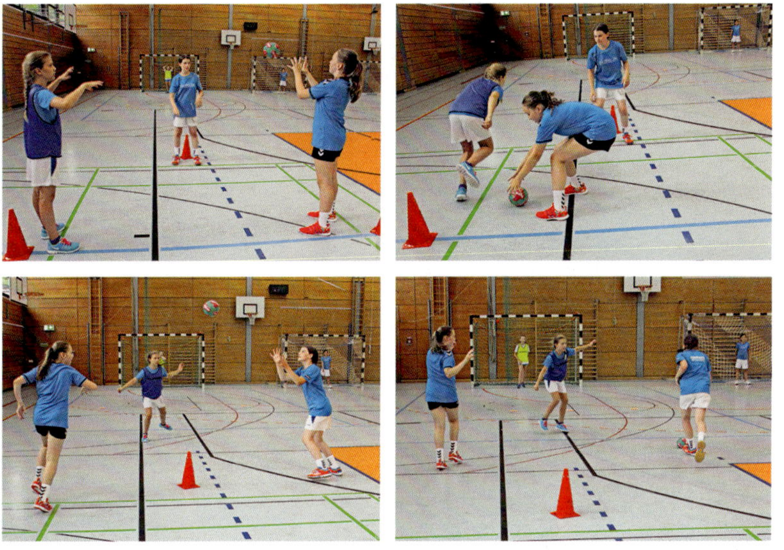

Abb. 89: Dreiecks – 2 x 1 mit Passfolge

Organisation

Die beiden Handballtore werden an den kurzen Seiten des Hallendrittels gegenüber aufgestellt. Mit den Hütchen/Plättchen eine Abwurflinie begrenzen. Die Gruppe gleichmäßig auf beide Tore verteilen. In jedem Tor steht am Anfang ein Torwart.
Die Kinder gehen in Dreiergruppen zusammen und stellen sich im Abstand von ca. acht bis zehn Metern vor der jeweiligen Abwurflinie im Dreieck zueinander auf (im Abstand von ca. zwei Metern).

Ablauf

Die Kinder passen sich in der Dreiergruppe den Ball zu. Erfolgt ein Pfiff oder ein anderes akustisches Signal der Lehrkraft (Hände klatschen, Ball aufprellen, etc.), legt das Kind, das den Ball zum Zeitpunkt des Signals hatte, diesen auf den Boden und wird zum Abwehrspieler. Die beiden anderen Kinder nehmen sich den Ball, agieren von nun an als Angriffsspieler und versuchen den Abwehrspieler auszuspielen bzw. den Ball ins Tor zu werfen.

Variationen

- Die Angriffsspieler dürfen lediglich Tippen (den Ball einmal auftippen) und nicht prellen.
- Es sind maximal fünf Pässe bis zum Torabschluss erlaubt.

Streetball – 2 x 2

Material

In einem Hallendrittel: Zwei Handballtore, ein Handball, eine Langbank

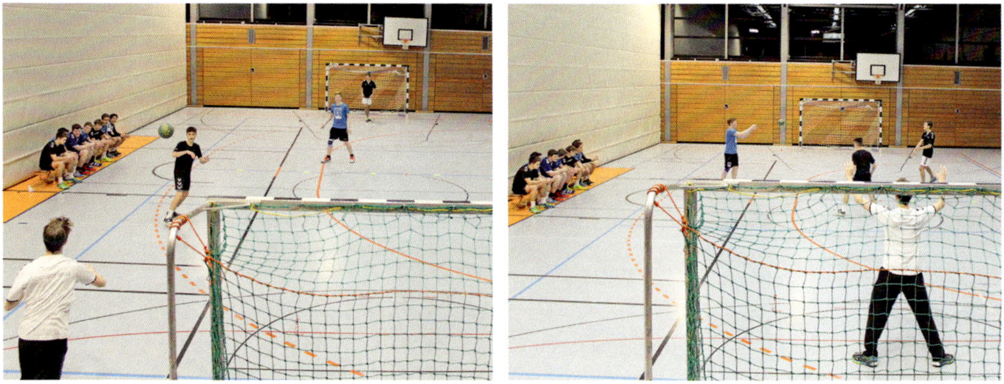

Abb. 90: Aufbau Spielform Streetball – 2 x 2

Organisation

Die beiden Handballtore werden an den kurzen Seiten des Hallendrittels gegenüber aufgestellt. Die Kinder gehen paarweise zusammen und bilden ein Team. Eine Mittellinie grenzt zwei Spielfelder voneinander ab. Jeweils ein Team stellt sich in ein Spielfeld. Die markierte Mittellinie darf von den zwei Teams nicht übertreten werden. Spielfeldgröße sowie der Abstand zwischen den Toren sollte sich am jeweiligen Können der Kinder orientieren. Die anderen Teams pausieren neben dem Spielfeld auf einer Langbank oder führen Zusatzaufgaben durch (z. B. Ballhandling, Koordination etc.).

Ablauf

Die zwei Teams spielen 2 x 2 gegeneinander. Hat ein Team ein Tor bekommen, muss es das Spielfeld verlassen und das nächste Team kommt herein. Bei Abwehrhandlungen agiert ein Spieler des Teams als Blockspieler an der Mittellinie, wohingegen der andere Spieler Torwart ist. Diese Rollenzuordnung kann sich bei jeder Spielphase ändern. Bei Angriffsaktionen sind beide Spieler aktiv und versuchen ein Tor zu erzielen.

Variationen

- Der Ball darf weder getippt noch geprellt werden.
- Sprungwürfe über die Mittellinie sind erlaubt.
- Nach einer bestimmten Anzahl an Pässen (nach bestimmter Zeit), erfolgt automatisch ein Wechsel von den beiden aktuell spielenden Teams.

Streetball Erweiterung 3 x 3

Material

Wie beim Streetball – 2 x 2 (vgl. S. 142)

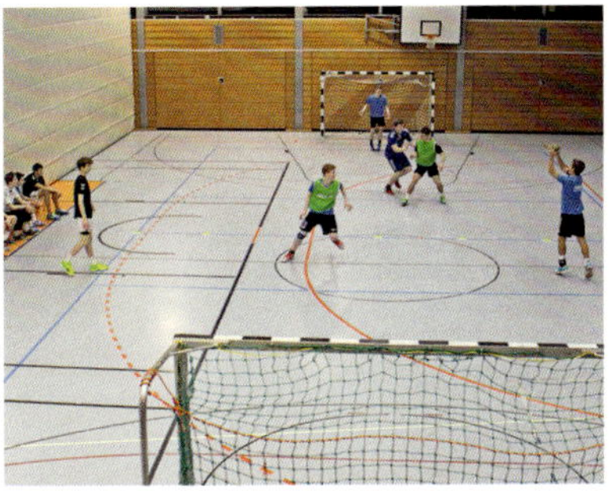

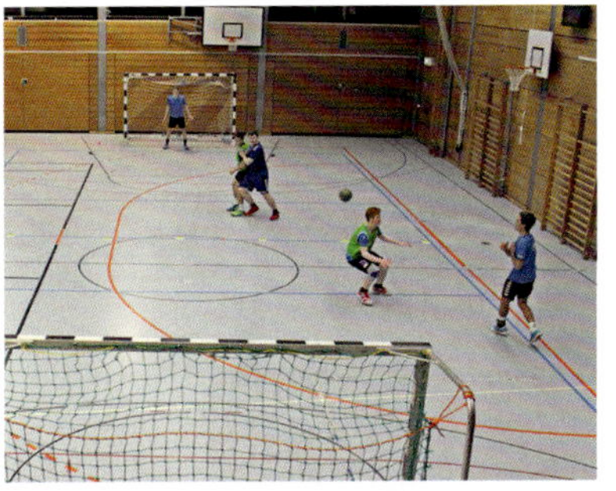

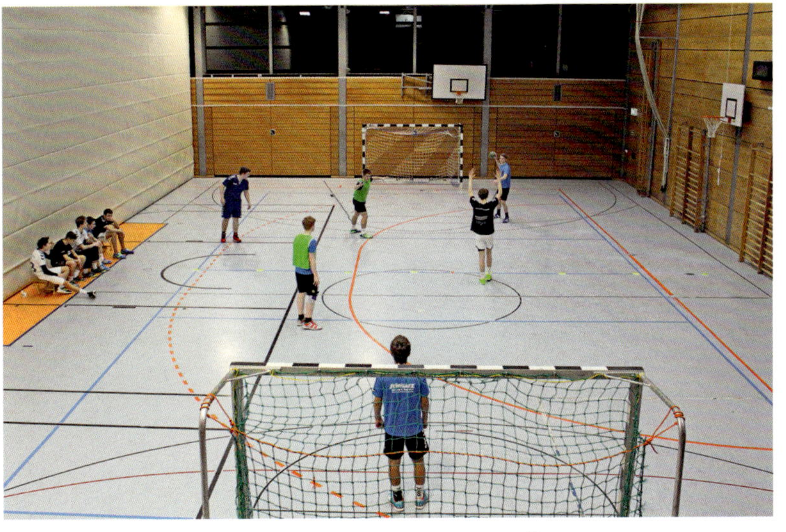

Abb. 91: Streetball Erweiterung 3 x 3 mit Störer (mit Überziehleibchen)

Organisation

Die Kinder gehen jetzt in Dreier-Teams zusammen. Es wird ein Überziehleibchen für jedes Team benötigt.

Die Organisation ist identisch zum Streetball – 2 x 2. Lediglich der Spieler mit dem Überziehleibchen geht jeweils ins gegnerische Spielfeld und agiert dabei als Störer des angreifenden Teams. Der Störer versucht den Ball für sein Team zu erobern, darf selbst aber keine Tore erzielen. Erobert der Störer den Ball, muss er ihn zu seinen Mitspielern in die eigene Spielfeldhälfte zurückpassen, so dass diese die Angriffshandlung starten können.

Der Störer wird nach fünf Durchgängen gewechselt.

Kapitel

9

Das Zielspiel

Aufsetzerball

4 + 1 im Querfeld

Das Handballspiel

Das Zielspiel Handball wird mit sechs Feldspielern und einem Torwart gespielt (7 x 7). Hierfür benötigt man eine komplette Dreifachturnhalle, da Handball ein Spielfeld von 40 Metern Länge und 20 Metern Breite umfasst (inkl. eines Torkreises mit einem Radius von sechs Metern). In den meisten Sportstunden, aber auch im Vereinstraining, dürfte diese Hallengröße jedoch selten zur Verfügung stehen.

Um den Kindern aber trotzdem das Zielspiel Handball anzubieten, gibt es eine Reihe von Zielspielformen, die das ursprüngliche Spiel reduzieren, aber dennoch sehr gut abbilden. So können die Kinder auf einer kleinen Spielfläche und/oder mit vereinfachten bzw. modifizierten Regeln die grundlegende Spielidee des Handballsports kennenlernen.

Auf Vereinsebene wird bei der F-Jugend bzw. den „Minis“ (8 Jahre und jünger) auf einem Handballdrittel (Querfeld) im 4 + 1 gespielt, sodass für ein solches Spiel lediglich vier Feldspieler und ein Torwart benötigt werden. Die Handballtore (3 Meter breit und 2 Meter hoch) werden mit „mobilen Abhängelatten“ (alternativ: Hochsprungstangen) abgehängt, sodass die Tore auf eine Höhe von 1,80 Metern reduziert sind. In der E-Jugend (8–10 Jahre) und D-Jugend (10–12 Jahre) existieren dann unterschiedliche Organisationsformen: Einige Handball-Landesverbände spielen weiterhin im Querfeld im 4 + 1, während andere Landesverbände auf das normale Handballfeld im 7 x 7 übergehen. Diese Vorgehensweise des organisierten Handballsports kann als Orientierung für die Schule herangezogen werden und lässt sich daher sehr gut auf den Sportunterricht in den entsprechenden Altersstufen übertragen. Das verkleinerte Spielfeld von einem Hallendrittel hat den Vorteil, dass die Kinder deutlich mehr Toraktionen herausspielen.

Wichtig bei den nachfolgenden Zielspielen ist, dass alle Kinder viele Einsatzzeiten bekommen. Langes Sitzen auf der Auswechselbank ist möglichst zu vermeiden, daher sollten im Vorfeld Zusatzaufgaben für die pausierenden Kinder überlegt werden. Darüber hinaus können die Kinder auch als Schiedsrichter eingesetzt werden und Verantwortung für das Spiel übernehmen. Bedeutsam für Handballeinheiten in Schule und Verein ist außerdem, dass die Kinder das eigentliche Zielspiel mit seiner grundlegenden Spielidee erleben. Die in diesem Buch zum Zielspiel hinführenden Spiel- und Übungsformen sind daher wichtige Lehrinhalte, die vorab behandelt werden sollten, um die notwendigen handballspezifischen Techniken zu erlernen und zu festigen.

Im Vorfeld sollte die Lehrkraft mit den Kindern zudem die wichtigsten Regeln des Handballspiels gemeinsam erarbeitet und festgelegt haben. Dabei sind jedoch durchaus Variationen sinnvoll, insbesondere Vereinfachungen (bspw. im Sinne des Genetischen Lernens), um den Spielfluss, Erfolgsmomente und die Freude an diesem Spiel sicherzustellen.

Aufsetzerball

Material

Ein Handball, Überziehleibchen

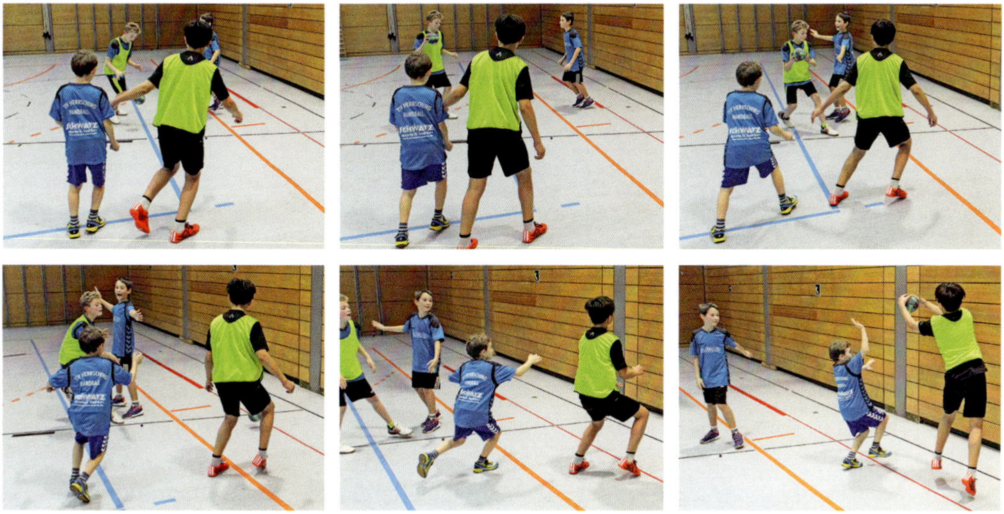

Abb. 92: Punktgewinn im Aufsetzerball

Organisation

Zwei Mannschaften bilden, dabei sollte die Mannschaftsstärke nicht mehr als zehn Kinder betragen. Gespielt wird in einem Hallendrittel. Beide Mannschaften verteidigen jeweils eine Querseite der Hallenwand. Mit dem Ball in der Hand dürfen maximal drei Schritte gemacht werden. Ein Aufprellen des Balles ist nicht erlaubt.

Ablauf

Die Mannschaften greifen die gegnerische Hallenwand an. Ein Tor ist erzielt, wenn der Ball als Aufsetzer gegen die Wand gespielt wird und ein Mitspieler den Ball direkt aus der Luft fängt.

Variationen

- Es darf geprellt werden.
- Man bildet drei (oder mehrere) Mannschaften mit weniger Spielern. Zwei Mannschaften spielen, während die dritte pausiert. Bei Torerfolg gibt es einen fliegenden Wechsel, d. h. eine Mannschaft geht zur Bank und pausiert, während die dritte ins Spiel kommt.
- Vor dem „Tor“ (= die Querseite des Hallendrittels) wird eine Abwurflinie im Abstand von ca. fünf Metern mit Hütchen/Plättchen gezogen.
- Zwei Kinder sind als Torwart aktiv und versuchen den Torerfolg zu verhindern.

4+1 im Querfeld

Material

Zwei Handballtore, ca. 15 Hütchen/Plättchen, ein Handball, Überziehleibchen

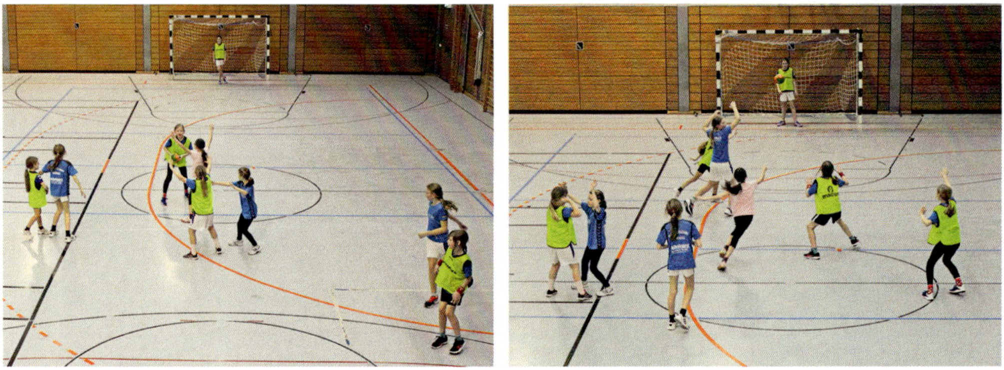

Abb. 93: 4+1 im Querfeld

Organisation

Die beiden Handballtore werden an gegenüberliegenden Hallenseiten aufgestellt. Sind keine Handballtore vorhanden, werden Weichbodenmatten verwendet. Mit den Hütchen/Plättchen wird eine gerade Abwurflinie ca. fünf bis sechs Meter vor den Toren gezogen. Zwei Mannschaften mit jeweils 5 Kindern werden gebildet, wobei eine Mannschaft mit Überziehleibchen ausgestattet wird. Vier Kinder sind Feldspieler, ein Kind ist Torwart. Die restlichen Kinder verweilen am Rand und werden von der Lehrkraft eingewechselt. Idealerweise führen die pausierenden Kinder Zusatzaufgaben aus (z. B. Koordination) oder sie agieren als Schiedsrichter.

Ablauf

Die zwei Teams spielen im 4+1 Handball gegeneinander. Ziel ist es, den Ball ins gegnerische Tor zu werfen. Es werden die normalen (ggf. vereinfachten) Handballregeln angewandt. Dabei ist bei der Spielleitung als Schiedsrichter darauf zu achten, dass ein Handballspielfluss zustande kommt („pädagogisches Pfeifen“).
Alle Feldspieler sind sowohl Angriffs-, wie auch Abwehrspieler.

Variationen

- Die abwehrende Mannschaft agiert in Manndeckung. Dies bedeutet, dass jeder Abwehrspieler einem Angriffsspieler fest zugeordnet ist und er ihn auf dem gesamten Spielfeld verfolgt. Wechselt der Ballbesitz, wechselt auch die Manndeckung (vom Abwehr- zum Angriffsspieler).

Das Handballspiel

Material Zwei Handballtore, Überziehleibchen, ein Handball

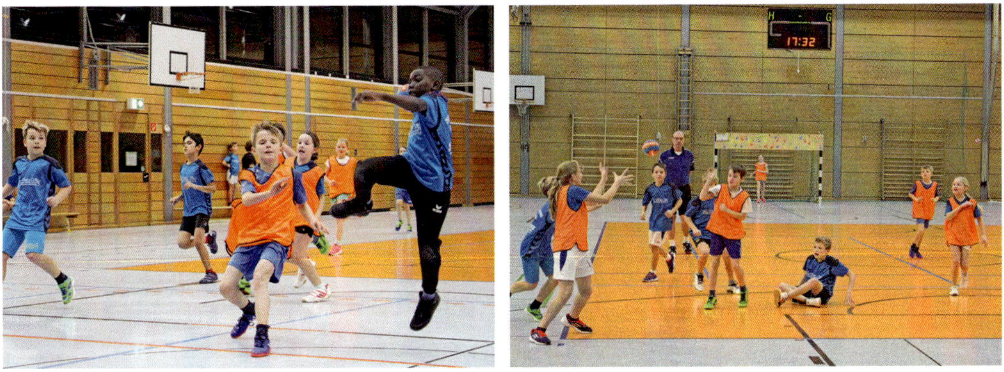

Abb. 94: Das Handballspiel in der Zielform

Organisation Die beiden Handballtore werden auf die normalen Grundlinien aufgestellt. Es werden zwei Mannschaften gebildet, eine Mannschaft zieht die Überziehleibchen an. Die Mannschaften bestehen aus einem Torwart und sechs Feldspielern. Der Torwart kann während des Spiels durch die Kinder ständig ausgetauscht werden.
Die restlichen Kinder verweilen am Rand und werden von der Lehrkraft eingewechselt. Während der Pause können die Kinder Zusatzaufgaben ausführen, außerdem agieren sie als Schiedsrichter. Es wird nach Handballregeln gespielt.

Ablauf Die zwei Teams spielen im 6+1 Handball gegeneinander. Wirft eine Mannschaft ein Tor, geht das Spiel mit Abwurf vom Torwart normal weiter (kein Anwurf). Die abwehrende Mannschaft agiert in Manndeckung über das gesamte Feld.

Variationen

- Nach einem Torerfolg wechselt der Schütze sofort mit einem am Spielfeldrand sitzenden Kind.
- Nach einem Torerfolg muss ein Spieler dieser Mannschaft auf der Bank pausieren, so dass ein Überzahlspiel entsteht. Nach Torerfolg der gegnerischen Mannschaft darf dieser Spieler wieder mitspielen.

Kapitel 10

Anhang

10.1 Literatur

Achtergarde, F. (2015). *Selbstständiges Arbeiten im Sportunterricht* (5., überarb. Aufl.). Aachen: Meyer & Meyer.

Adolph, H. & Hönl, M. (1993). *Integrative Sportspielvermittlung.* Universität Gesamthochschule Kassel.

Arentzen, D. (2016). Sportspielvermittlung – Gemeinsames Lernen am Beispiel Handball mit Rollstuhlfahrer/innen und Läufer/innen. In S. Ruin, S. Meier, H. Leineweber, D. Klein & C. G. Buhren (Hrsg.), *Inklusion im Schulsport* (S. 130–142). Weinheim: Beltz.

Balz, E. & Neumann, P. (2013). Mehrperspektivischer Sportunterricht. In H. Aschebrock & G. Stibbe (Hrsg.), *Didaktische Konzepte für den Schulsport* (S. 148–177). Aachen: Meyer & Meyer.

Bansa (2014a). Training im Sand: athletisch, motivierend, spezifisch. Teil 1. *Handballtraining, 36* (7), 34–41.

Bansa (2014b). Training im Sand: athletisch, motivierend, spezifisch. Teil 2. *Handballtraining, 36* (8), 13–16.

Beck, F., Emrich, A. & Kubesch, S. (2011). Training exekutiver Funktionen in Kleinen und Großen Sportspielen. Teil 2 – Sekundarstufe. *sportunterricht, 60* (11), 7–13.

Binder, A. (1999). Wurf- und Spielformen im Wasser … als Vorbereitung und Training für das Handballspiel. *Sportpraxis, 6,* 5–17.

Bolländer, P. & Woznik, Z. (2011). Gemeinsam zum Handballspiel. *Sportpädagogik, 5,* 23–27.

Bommas, V. (1991). Handball in der Schule – ein neues Vermittlungsmodell. *Handballtraining, 11,* 28–31.

Brand, H., Heuberger, M., Petersen, K.-D., Lemmel, U., Kurrat, H., Pfänder, J., Sichelschmidt, P., Schubert, R., Langhoff, K. & Späte, D. (2009). *Rahmentrainingskonzeption des Deutschen Handballbundes für die Ausbildung und Förderung von Nachwuchsspielern.* Münster: Philippka-Sportverlag.

Bucher, W. (Hrsg.). (2007). *704 Spiel- und Übungsformen im Handball* (3., überarb. Aufl.). Schorndorf: Hofmann.

Bucher, W. (1996). *Basisspiel- und Basisübungsformen.* Schorndorf: Hofmann.

DHB (2017). *DHB-Rahmentrainingskonzeption.* Zugriff am 07.08.2018 unter https://dhb-trainercenter.de/dhb-rahmentrainingskonzeption/?L=0

DHB (2010). *Referenten-Handbuch C-Trainer Ausbildung.* Münster: Philippka-Sportverlag.

Dubs, R. (2009). *Lehrerverhalten.* Stuttgart: Franz Steiner.

Dürrwächter, G. (1967). *Volleyball, spielend lernen – spielend üben.* Schorndorf: Hofmann.

Eisele, A., Deutscher Handballbund & Deutsche Schulsportstiftung (Hrsg.). (2017). *Handball für die Grundschule. Konzipiert für kleine Sporthallen/ein Hallendrittel.* Münster: Philippka-Sportverlag.

Eisele, A. & Hahn, H.-G. (2012). Kinderhandball oder Handball mit Kindern. *Handballtraining, 1,* 1–5.

Eisele, A., Hahn, H.-G. & Wrana, S. (1997). *Schul-Handball statt Handball in der Schule.* Stuttgart: Stiftung Sport in der Schule Baden-Württemberg.

Emrich, A. (2007). *Spielend Handball in Schule und Verein* (5., aktual. Aufl.). Wiebelsheim: Limpert.

Emrich, A. (2011). *Spielend Handball in Schule und Verein* (6. Aufl.). Wiebelsheim: Limpert.

Emrich, A. (2016). *Spielend Handball in Schule und Verein* (7., korr. Aufl.). Wiebelsheim: Limpert.

Emrich, A. (1997). Spielend Handball lernen in Schule und Verein. In E.-J. Hossner & K. Roth (Hrsg.), *Sport – Spiel – Forschung. Zwischen Trainerbank und Lehrstuhl* (S. 226–228). Hamburg: Czwalina.

Fey, J. (1991). Handball-Kunststücke. *Sportpädagogik, 6,* 28–4.

Frey, P. (2006). Spielen mit Hand und Ball – Stationen zum kindgerechten Hand-Ball-Spielen. *Sportpädagogik, 6,* 10–12.

Frommann, B. (2005). Teppichfliesen-Handball. *Sportpädagogik, 3,* 44–47.

Greve, S. & Bechthold, A. (2015). Beach-Handball. Ein sandiger Spaß für alle. *Sportpraxis, 5+6,* 12–16.

Greve, S. (2014). Handball gemeinsam gestalten. *sportunterricht, 63* (2), 35–39.

Greve, S. (2013). Handball in Angriff nehmen. *Sportpädagogik 6,* 14–17.

Griesmeier, J. (2002). Zur Leitidee der Spielfähigkeit. In S. König & A. Eisele (Hrsg.), *Handball unterrichten* (S. 11–17). Schorndorf: Hofmann.

Griffin, L.A., Mitchell, S. A. & Oslin, J. L. (1997). *Teaching Sport Concepts and Skills: A Tactical Games Approach.* Champaign: Human Kinetics.

Hahnel, M., Rapp, V. & Ritter, J. (2015). Handball im Schulsport. Ein guter Weg zur Verbesserung der körperlichen Fitness. *Sportpraxis, 9+10,* 12–15.

Heinichen, O. (2014). Erarbeitung von kognitiv-motorischen Übungen. *Sportpädagogik, 1,* 48–49.

Kaundinya U. & Breuer M. (2008). Links herum, rechts herum – oder doch durch die Mitte? *Sportpädagogik, 1,* 36–40.

Keyßner, J. (2006). Differenziert Handball lernen. *Sportpädagogik, 6,* 16–19.

König, S. (1997). Zur Vermittlung von Spielfähigkeit in der Schule. *sportunterricht, 47* (11), 476–486.

König, S. & Husz, A. (2011). *Doppelstunde Handball.* Schorndorf: Hofmann.

König, S. & Memmert, D. (2012). Allgemeine und spezielle Spielfähigkeit – pädagogische und didaktische Überlegungen. In S. König, D. Memmert & K. Moosmann (Hrsg.), *Das große Limpert Buch der Sportspiele* (S. 12–20). Wiebelsheim: Limpert.

Kohl, K. (1990). Über die „Zentrierung" im Sportspiel. Zur Diskussion des Begriffs der Spielfähigkeit. In G. Hagedorn & R. Andresen (Hrsg.), *Allgemeine und sportspezifische Spielfähigkeit* (S. 42–48). Hamburg: Czwalina.

Kolb, M. (2011). Sportspieldidaktische Konzept – orientierende Hinweise. *Sportpädagogik, 3*, 68–77.

Krüger, T. (2016a). Quo vadis, Handball? Teil 1. *Handballtraining, 11,* 6–13.

Krüger, T. (2016b). Quo vadis, Handball? Teil 2. *Handballtraining, 12,* 20–24.

Külmer, A. (2005). Das Gruppenpuzzle im Sportunterricht. Eine kooperative Lernform als Alternative zum Stationenlernen. *Sportpädagogik, 1*, 49–51.

Laging, R. (Hrsg.). (2007). *Neues Taschenbuch des Sportunterrichts – Kompaktausgabe.* Hohengehren: Schneider.

Lames, M. (1998). Leistungsfähigkeit, Leistung und Erfolg – ein Beitrag zur Theorie der Sportspiele. *Sportwissenschaft, 28* (2), 137–152.

Lange, H. (2008). Beachspiele als Trendsport. *Sportpraxis, 6,* 6–11.

Langhoff, K., Kurrat, H. & Späte, D. (2006). Grundspiele – aufbereitet für das Training. *Handballtraining, 12,* 18–23.

Loibl, J. (2006). *Basketball – Genetisches Lehren und Lernen: spielen – erfinden – erleben – verstehen* (2. Aufl.). Schorndorf: Hofmann.

Lüpke, M. (2006). Tchouk, Tchouk! Vom Spiel auf den Frame zum Handball. *Sportpädagogik, 6,* 34–36.

Madinger, J. (2014). *Handball Praxis Mini 1 – Mini- und Kinderhandball.* Mannheim: DV Concept.

Madinger, J. (2016a). *Handball Praxis Mini 2 – Koordinatives Training in Spielformen und Bewegungslandschaften.* Mannheim: DV Concept.

Madinger, J. (2016b). *Handball Praxis 6 – Grundlagentraining für E- und D-Jugendliche.* Mannheim: DV Concept.

Martin, H. (2007a). Hurra, Hurra, die Schule spielt. Teil 1. *Handballtraining, 1,* 26–31.

Martin, H. (2007b). Hurra, Hurra, die Schule spielt. Teil 2. *Handballtraining, 4,* 33–38.

Mehl, S. (2008). „Hey, du musst dich anbieten“. *Sportpädagogik, 1,* 17–23.

Mehl, S. & Hofmann, J. (2012). Street-Handball – ein Trend für Schule und Verein. In S. König, D. Memmert & M. Kolb (Hrsg.), *Sport – Spiel – Unterricht* (S. 225–231). Berlin: Logos.

Mehl, S. & Hofmann, J. (2014). Aus der Halle auf die Straße – Streethandball auf spezielle Situationen und Bedürfnisse anpassen. *Sportpädagogik, 1,* 12–17.

Mehl, S. & Jäger, J.M. (2006): Selbst entwickeln bringt's. Gruppentaktische Angriffsmaßnahmen genetisch vermitteln. *Sportpädagogik, 6,* 40–45.

Messmer, R. (2013). *Fachdidaktik Sport.* Bern: Haupt.

Moegling, K. (1991). Miteinander Handball-Spielen. *Sportpädagogik, 5,* 35–41.

Moegling, K. (1997). Soziale Lerngelegenheiten im Handballunterricht. *Sportpädagogik, 2,* 50–55.

Mosebach, U. (2006). Nachwuchs werben in der Schule – mit modifizierten Handballregeln. *Handballtraining, 7,* 25–29.

Müller (2015): Das Taktik-Spiel-Modell – Handball spielen(d) lernen. *Sportpraxis, 9,* 6–11.

Neuhaus, M. (2015). Offensiv verteidigen – Grundlage für mehr Spielfähigkeit Handball. *Handballtraining, 7,* 6–9.

Neuhaus, M. (2016). *Durchführungsbestimmungen für eine einheitliche Wettkampfstruktur im Kinderhandball. handballtraining & handballtraining junior, 1–15.* Zugriff am 07.08.2018 unter http://dhb.de/fileadmin/pageflip/durchfuehrungsbestimmungen/durchfuehrungs bestimmungen/assets/basic-html/page-1.html

Obinger, M. (2016). *Handball – Unterrichtseinheiten für die 5.–10. Jahrgangsstufe.* Augsburg: Auer.

Obinger, M. (2014). *Handball für die Grundschule.* Augsburg: Auer.

Oppermann, H.-P. (1994). Handball in der Schule. *Handballtraining, 5,* 3–8.

Oppermann, H.-P., Schubert, R. & Ehret, A. (1997). *Handball Handbuch 6 – Handball spielen mit Schülern.* Münster: Philippka-Sportverlag.

Pargätzi, J. & Leffler, T. (2016). Kräftemessen im Handball. *Sportpädagogik, 1,* 10–14.

Roth, K. & Hahn, C. (2007). Integrative Spielvermittlung. *Info-Fachbereich-Sport, 1,* 4–7.

Roth, K., Kröger C. & Memmert, D. (2002). *Ballschule Rückschlagspiele.* Schorndorf: Hofmann.

Roth, K., Memmert, D. & Schubert, R. (2006). *Ballschule Wurfspiele.* Schorndorf: Hofmann.

Schaller, H.-J. (1974). Vermittlungsmodelle großer Spiele. In K. Dietrich & G. Landau, *Beiträge zur Didaktik der Sportspiele Teil 1* (S. 83–88). Schorndorf: Hofmann.

Scheid, V. & Prohl, R. (Hrsg.). (2012). *Sportdidaktik.* Wiebelsheim: Limpert.

Schmidt, O. (2006). Handball als Spiele-Baukasten. *Sportpädagogik, 6,* 13–15.

Schmoll, L. (2006). Handball schülerorientiert unterrichten. Erfahrungen mit einer kritisch-kommunikativen Spieldidaktik. *Sportpädagogik, 6,* 30–33.

Schröter, R. (2001). Überlegungen zur Sportspielvermittlung in der Schule. *sportunterricht, 11,* 332–338.

Schubert, R. (2000). *Handball-Fibel 2.* Dortmund: DHB.

Schubert, R. (2009). *Handball-Fibel 3.* Dortmund: DHB.

Schubert, R. & Späte, D. (2008a). *Kinder für Handball begeistern.* Münster: Philippka-Sportverlag.

Schubert, R. & Späte, D. (2008b). *Kinderhandball – Spaß von Anfang an* (4. Aufl.). Münster: Philippka-Sportverlag.

Schüller, I. (2014). Kreativ spielen im Handball. *Sportpädagogik, 2,* 30–33.

Simon, A. (2015). Handball spielen lernen: Mit „Aufsetzerball" zum Zielspiel. *Sport – Spiel, 60* (4), 8–15.

Sinning, S. (2010). Genetisches Lehren und Lernen. Eine wahrnehmungs- und erfahrungsgeleitete Methode. In H. Lange & S. Sinning (Hrsg.), *Handbuch Methoden im Sport* (S. 57–75). Balingen: Spitta.

Sinning, S. (2006). Handball spielen lernen. *Sportpädagogik, 6*, 4–9.

Sinning, S. (2006). Zielwerfen im Handball: Ein differenziertes Lernangebot. *Sportpädagogik, 2,* 26–29.

Stallmann, C. (2012). Handball im Schulsport – spielen auf engstem Raum. *sportunterricht, 61* (10), 1–3.

Sutter, M. (2015). Speed Handball. Einfach – attraktiv – schnell. *Sport – Spiel, 60,* 16–19.

Uhlig, J. (2008). Klassifikation der Sportspiele. Empirische Untersuchung zur Familienähnlichkeit der Spiele Fußball, Hockey, Eishockey und Rugby. *Spectrum der Sportwissenschaften, 20* (2), 75–89.

Wagenschein, M. (1991). *Verstehen lernen.* Weinheim: Beltz.

Walter, J. (2005). Handballspielen mit Grundschulkindern. *Sportpraxis, 4,* 4–17.

Wibowo, J. (2016): Handball spielen mit Rollgeräten. *Sportpädagogik, 3+4,* 4-–45.

Wichmann, K. (2008): Wie ein Hand-Ballspiel entsteht. *Sportpädagogik, 1,* 24–27.

Wilhelm, A. (2017). *10 Handballstunden (Klasse 4-7).* Schorndorf: Hofmann.

Literaturverzeichnis Praxisteil

Brand, H., Heuberger, M., Petersen, K.-D., Lemmel, U., Kurrat, H., Pfänder, J., Sichelschmidt, P., Schubert, R., Langhoff, K. & Späte, D. (2009). *Rahmentrainingskonzeption des Deutschen Handballbundes für die Ausbildung und Förderung von Nachwuchsspielern.* Münster: Philippka-Sportverlag.

Eisele, A., Deutscher Handballbund & Deutsche Schulsportstiftung (Hrsg.). (2017). *Handball für die Grundschule. Konzipiert für kleine Sporthallen/ein Hallendrittel.* Münster: Philippka-Sportverlag.

Greve, S., Hamann, F. & Krüger, T. (2017). *Sport in der Sekundarstufe. Handball in Stundenbildern.* Wiebelsheim: Limpert.

Kolodziej, C. & Bayerischer Handball-Verband (Hrsg.). (2005). *Fachübungsleiter Handbuch.* München: Bayerischer Handball-Verband.

Obinger, M. (2014). *Handball für die Grundschule. Von der Ballgewöhnung bis zum gemeinsamen Spiel.* Donauwörth: Auer.

Schubert, R., Späte, D., Späte, C., Hahn, H.-G., Eisele, A. & Deutscher Handballbund (Hrsg.). (2006). *Spielen mit Hand & Ball. Unterrichtshilfen für die Grundschule.* Münster: Philippka-Sportverlag.

10.2 Netzwerk „Organisationen/Institutionen"

Der Sport und damit auch der Handballsport sind jeweils in verschiedenen Struktur- und Organisationsmodellen in der Praxis aufgebaut. Für den Handballsport in Deutschland ist der Deutsche Handballbund (DHB) von entscheidender Bedeutung:

Deutscher Handballbund (DHB); (gegründet 01.10.1949)
Strobelallee 56, 44139 Dortmund
Tel.: +49 231 91191-0; Fax: +49 231 124061
E-Mail: kontakt@dhb.de; Internet: www.dhb.de

Neben der Organisation auf Bundesstaat-Ebene gibt es mit der European Handball Federation (EHF) und der International Handball Federation (IHF) Organisationen auf Europa- und Weltebene. Hauptaufgabe dieser Organisationen ist das Organisieren und Durchführen von internationalen Wettkämpfen im Jugend, Junioren und Erwachsenenbereich.

European Handball Federation, mit Sitz in Wien: www.eurohandball.com

International Handball Federation, mit Sitz in Basel: www.ihf.info

10.3 Handball-Regeln

Aktuelle Regeln und Leitlinien zum Sportspiel Handball werden immer wieder erneuert, insofern sind die neuesten Fassungen auf den nachfolgenden Internetseiten nachzulesen:

Internationale Handballregeln:

https://www.dhb.de/de/verband/schiedsrichter/regelwerk/

Richtlinien des Kinderhandballbereichs:

https://www.dhb.de/de/redaktionsbaum/news-archiv/trainer/richtlinien-fuer-den-kinderhandball-----spielerlebnis-steht-weiter-vor-dem-spielergebnis/

Generelles des Kinderhandballbereichs:

https://www.dhb.de/de/vereinsservice/mitspielen/kinderhandball/

Schulhandball DHB:

https://www.dhb.de/de/vereinsservice/schule-und-kindergarten/lehrerausbildung/